KB139474

좋은 운이 따르는
최고의 방법

좋은 운이 따르는
최고의 방법

초판 1쇄 인쇄일 2023년 11월 25일
초판 1쇄 발행일 2023년 12월 5일

지은이 윤인수
펴낸이 양옥매
디자인 송다희 표지혜
교   정 인'사이시옷 김민정
마케팅 송용호

펴낸곳 도서출판 책과나무
출판등록 제2012-000376
주소 서울특별시 마포구 방울내로 79 이노빌딩 302호
대표전화 02.372.1537   **팩스** 02.372.1538
이메일 booknamu2007@naver.com
홈페이지 www.booknamu.com
ISBN 979-11-6752-380-8 (03190)

좋은 운이 따르는
최고의 방법

윤인수 지음

책과나무

"하늘은 운이 없는 자를 세상에 내놓지 않는다."라는 말이 있다. 하늘은 이미 누구에게든 기회와 축복을 준다는 뜻이다. 그것을 찾는 이와 찾지 못하는 이로 구분될 뿐. 한번 깊이 있게 그동안 살아온 인생을 돌아보라. 내게 주어진 기회와 축복이 과연 무엇이었는가를. 나아가 하늘이 내게 준 운은 무엇이며, 나는 그 운을 만들고 성장시켜왔는지를 말이다.

그런데 자신의 운을 찾고 성장시키는 의지의 바탕은 희망과 긍정이다. 희망과 긍정이 없으면 로마의 어느 철학자가 말한 것처럼 우리는 시체를 짊어지고 다니는 불쌍한 영혼들에 불과하다. 요즘 심심치 않게 희망과 긍정을 갖는 것조차 버겁다고들 한다. 하지만 세상에 완전하고도 온전한 것이란 없다. 뿐만 아니라 변하지 않고 고정되어 있는 것도 없다. 그래서 역설적인 삶이 존재한다.

"삶은 아무것도 약속하지 않는다.
그래서 다시 시작할 수 있다."

삶의 불완전함과 세상의 부조리함이 오히려 우리의 삶에 긍정할 수 있는 기회와 반전을 주고 나아가 위대한 그 무엇이 될 수 있도록 이끌기도 한다.

사실, 팍팍한 현실에 압도되어 살다 보면 하루하루 방전된 삶을 살 수밖에 없다. 그래서 자신도 모르는 사이에 기계적으로 살아가게 된다. 자신의 잠재력은 세상 빛도 보지 못한 채, 그저 그렇게 한 번뿐인 내 인생을 무력하게 세월에 맡기다 보면 어느덧, 노년이 우리 앞에 우뚝 선다. 그때는 또 후회와 체념이 남은 인생을 지배한다. 이 얼마나 허망한가. 기실 살다 보면 내 마음대로 내 뜻대로 되는 것보다 되지 않는 것이 훨씬 더 많다. 나를 둘러싼 인연들과 환경들이 제각각의 상황에 있기 때문이다. 그 속에서 희망을 가지고 살아가는 것이 우리에게 부여된 생(生)에 대한 의무다.

원하는 대학에 들어간 예비 대학생이나 사회적으로 성공했다는 전문가, 혹은 기업을 일으킨 분들은 하나같이 성취 요소 중 하나로 운을 꼽는다.

그동안 학생과 학부모님들, 대학생이거나 사회인이 된 제자들, 일반인까지 가장 많이 하는 질문이 원하는 것을 어떻게 하면 성취할 수 있느냐였다. 수험생은 자신이 가고자 하는 대학에, 취업 준비생은 자신이 원하는 직장에 들어가는 것에, 사회인이 된 사람들은 직장에서의 진급과 더 많은 부를 얻기 위한 것이었다.

그렇게 실력 향상을 위한 방법과 좋은 자세 등 일차적인 질문 끝에는 운도 따라야 한다는 데 어떻게 하면 좋은 운이 따르는가를 물었다.

그동안 느꼈던 좋은 운을 가진 사람들의 공통점과 긍정적인 삶을 이끌 수 있는 요소들을 간추려 보았다. 다만, 기억해 주었으면 좋겠다.

"식물이 똑같은 빗물에서 각기 다른 이익을 얻는 것처럼
다른 본성과 환경의 사람들은
각자의 다른 방법으로 축복을 받는다."

불경에 나오는 말이다. 개인의 자세와 역량에 따라 발현되는 기회와 축복의 크기가 다를 수 있다는 얘기다. 이는 사람들이 말과 글을 듣고 읽을 때도 적용된다. 필자에게 바람이 있다면 나의 글이 되도록 많은 사람들에게 좋은 운을 여는 현실적인 성취와 풍요로운 삶의 기폭제가 되었으면 하는 것이다.

마지막으로 이 책이 나오기까지 애써 주신 모든 분들께 감사드린다. 옆에서 조언을 아끼지 않은 아들 김민제 군, 박수영 선생님 그리고 항상 정심으로 대해주시고 배려해 주시는 책과나무 양옥매 대표님과 직원들에게 심심한 감사의 말씀을 전한다.

또 오랫동안 함께해 온 단비회 회원 박남선, 함인숙, 차명희, 김정숙, 최선형, 이하림 언니들에게도 고마움을 전한다. 또 송은희 송경희 자매님과 한국문화예술종합진흥협회 정유진 이사장님의 지지와 배려에 감사드립니다. 이어 해박한 지식과 인간미 넘치는 모습으로 사업가들에게 성장 동력과 지원을 아끼지 않는 한국 프랜차이즈 산업연구원 장제남 원장님, 그리고 31기 동기들께도 감사의 말씀을 전해 드린다. 이어 모교의 임선묵 교수님, 김영수 교수님, 박인기 교수님, 신종한 교수님께도 존경의 마음을 담아 감사의 인사를 드린다. 끝으로 네이버 웹소설 베스트 리그의 《후광》을 성원해 주신 독자님들과 필자의 첫 책 《내 인생 주인공 되기》를 지지해 주셨던 많은 독자 분들께 다시 한 번 감사드린다.

차 례

4부　재발견하는 나

5부 **다이아몬드도 연마하지 않으면,
한낱 돌덩이에 지나지 않는다**

6부 **감정이 운명을 만든다**

1부

운의 자물쇠를 열어라

운의 빗장을 열기 위해서는 운이란 과연 무엇이고,

내 운을 좌우하는 것은 또 무엇이며

나아가 어떻게 하면 좋은 운으로 운명을 이끌어갈 것인지

판단해야 한다.

운(運)을 모아라

"태어날 때 운의 크기는 서로 달라도
좋은 일을 하면 운을 모을 수 있다."

'운(運)'은 사전적으로 인간의 의지나 노력과는 상관없이 주어
지는 천운(天運)이나 기수(氣數)를 말한다. 즉, 사람의 힘을 초월
해서 일이 이루어지는 운수를 이른다. 천운은 하늘이 정한 운
명 혹은 다행(多幸)한 운수라는 뜻이고, 기수는 길흉화복의 운수
가 정해져 있다는 뜻이다.

우리는 인생 전체는 말할 것도 없고, 일상에서도 흔히 운을
따진다. 그만큼 운이 우리 삶에 중요한 요소라고 여긴다. '운칠
기삼(運七氣三)'이란 말만 봐도 그렇다. 또 미국의 대통령이었던
도널드 레이건의 부인 낸시 레이건이 한동안 점성술에 빠져 있
었다는 것을 상기해 보면 운명론이나 운에 관해서는 동서고금
이 다르지 않은 것 같다.

숫자와 통계를 우선하는 기업가들도, 각 분야에서 크게 성공
한 사람들도 저마다 성공의 요인 중 하나로 좋은 운을 꼽는다.
겸손하게 표현한 말일 수도 있지만, 우리가 하는 일의 진행이
나 결과를 예측할 수 없는 부분들이 있기 때문일 것이다. 세상
에는 우리가 아는 상식이나 보편적 가치로는 절대 이해할 수 없

는 일들이 있다. 그렇다면, 운은 인간의 힘으로는 어찌할 수 없는 것인가? 기실 운을 논하기 전에 역(易)을 알아야 한다.

동양사상에서의 역(易)은 하나의 사상학문이었고 인간을 둘러싼 우주만물의 창조와 변화를 통칭하는 말이었다. 하지만 후대에 이르러 단지 사주학이나 역학에서 쓰이는 말쯤으로 곡해되어 왔다.

역(易)의 본질은 '바뀐다', '변한다'라는 뜻이다. 이는 창조 변화하는 우주 속에서 인간의 생을 그에 맞게 움직이고 변화하여 자신만의 참된 명을 찾아 살아가라는 것이다. 그러니 운명이란 결코 정해진 것이 아니라 끊임없이 찾고 변화하는 과정에서 만들어가는 것임을 알 수 있다.

서두에서 말한 운명(運命)의 '운(運)'은 인간이 어찌할 수 없는 천운이고 기수이며 천체의 궤도를 돌 듯 일정한 법칙 안에서만 움직이는 것인가 하는 물음이 있을 수 있다. 아주 큰 틀에서 절대적인 법칙도 있고 자연법칙도 있다. 그러나 그 안에서조차 인간 세상의 과학적 발전 단계에 따라 그 틀에 영향을 주기도 하고 변화시키기도 한다. 이것은 인과율을 인간의 힘으로 변화시키는 것이다. 사람의 인생 역시 수없이 많은 인과율에 따라 움직이고 변한다. 우리가 갖는 지성, 경험, 가치관, 그리고 의지와 덕은 삶의 인과율에 지대한 영향을 미친다. 지성의 양과 질, 경험으로 체득된 사고와 기술, 가치관과 의지의 방향에 따른 지향성, 눈에 보이지 않는 마음과 덕성이 개인의 운명을 바꾸고 전혀 다른 나를 만들기도 한다. 뿐인가? 이런 나와 만나는 사물과 사람에게도 어마한 영향을 미치니 나와 접촉하는 대상도 바꿀 수 있게 만드는 것이다.

어떤 운을 바라는가? 어쩌면 모두 좋은 운, 긍정적인 운, 도움이 되는 운을 바랄 것이다. 좋은 운, 긍정적인 운, 도움이 되는 운은 결국 사람과 생명에 이로운 것이다.

그럼, 어떻게 하면 좋은 운을 오게 할 수 있을까?

운을 모으는 최고의 방법

"좋은 책을 읽는 것은
지난 몇 세기에 걸쳐 가장 훌륭한 사람들과 대화하는 것이다."

– 데카르트

"다른 사람이 쓴 책을 많이 읽어라. 남이 고생하여 얻은 지식을 아주 쉽게 내 것으로 만들 수 있고, 그것으로 자기 발전을 이룰 수 있다."

독서에 대한 소크라테스의 명언이다.

사실, 독서의 중요성은 아무리 강조해도 부족함이 없다. 우리가 현실의 삶에서 할 수 있는 경험은 한계가 분명하다. 그 안에서 우리가 얻을 수 있는 깨우침 역시 마찬가지다. 그러므로 다양한 경험을 대신할 수 있는 것은 책밖에 없다. 우리는 책을 통해 수많은 경험을 하고, 수없이 많은 사람을 만나고 깨우치며 또 성장한다. 독서를 통해 좋은 운을 모으는 토대를 마련할 수 있다는 방증이다.

살다 보면, 시절인연처럼 운명적으로 만나게 되는 책이 있다. 방황하는 내 마음을 다독이고 어디로 갈지 몰라 갈팡질팡하는 나에게 방향을 제시해 주는 책 말이다. 그뿐만이 아니다. 앞으로 나아갈 힘을 주기도 하고, 그동안 모르고 있었던 것을 깨우쳐 새로운 일을 도모하게도 한다. 오늘 우연히 집은 그 책은 나의 소망이나 문제 해결에 대한 정신적 감응이 작동한 것일 테다.

책은 그 사람의 운명을 같이하고 바꾸기도 한다.

고백록을 쓴 어거스틴은 신학자로 알려졌지만, 신학은 물론 철학, 문학, 법률에 지대한 영향을 준 저술가로도 유명하다. 그는 청년기에 카르타고에서 말할 수 없을 정도로 방탕한 생활을 했다. 그런 그가 키케로의 글 《호르텐시우스》를 접하고 철학을 사랑하는 사람으로 변모했다고 한다. 그는 후에 그때를 이렇게 회고했다. "오 진리여, 진리여! 그 시간 이후로 내가 얼마나 불타는 마음으로 그대를 사모했던가!"

물론, 그 사람 내면 안에 바뀌고 싶고, 변화하고 싶었던 열망이 그러한 계기로 발현이 되었는지는 알 수 없다. 분명한 것은 책이 그 사람의 삶의 방향과 지향을 완전히 바꾸어 놓았다는 점이다.

가끔 사람들이 묻는다. "다독이 좋으냐, 정독이 좋으냐?"라고. 필자는 말한다. 정독이 필요한 책은 정독을 하고, 다독은 호불호의 문제가 아니라 필수라고. 시인 두보가 말하길 남자는 모름지기 다섯 수레 분량의 책을 읽어야 한다고 했다. 물론, 요즘 남자 여자 구분이 어디 있겠는가. 성별을 떠나 다섯 수레 분량의 책은 과연 어느 정도일까? 대략, 오천 권에서 만 권 정도라고 한다.

책이란 내게 하나의 세계를 선물하는 것이다. 그것이 환상적인 세계든, 현실적인 세계든, 혹은 미혹을 주는 세계든. 많은 독서를 통해 서로의 세계가 융합되면 나름의 긍정적인 세계관이 형성됨으로 걱정할 필요가 없다.

내가 읽은 책의 양과 질에 따라 내 세계의 다층적인 면이 형성되고 삶의 질적 변화가 일어난다. 지금 나의 세계가 마음에 들지 않는다면, 또 나의 세계를 확장하고 싶다면 아니, 다른 세계와 융합하고 싶다면 답은 독서다.

독서가 힘들다고들 말하는데 그것은 습관의 문제다. 처음 길이 들기까지는 지루하고 힘들 수 있다. 그래서 시작은 본인이 좋아하는 흥미 위주의 책이나 소설 등 기타 활자화된 것을 매일 읽기를 권한다. 아무것이라도 매일 읽는 훈련을 하게 되면 습관이 되어 나중엔 항상 책을 가까이하게 된다. 그렇게 하다 보면, 어려운 책도 수월하게 읽는 방법이 체득된다.

하지만 독서에 대해 생각해 볼 점도 있다. 니체는 말했다. 엄청난 양의 책을 읽고도 자기 삶에 제대로 적용하지 못하는 사람은 에너지를 쓸데없이 낭비하는 것이라고. 이 말은 우리가 독서를 하는 이유가 단지 머릿속에 남겨 두기 위함이 아님을 말해 준다.

독서는 나의 정신적, 영적 변화를 주어 결국은 현실을 보다 긍정적이고 발전적으로 살아가게 하기 위함이다. 책을 통한 지혜란 모름지기 현실의 삶을 향상시키기 위한 방법을 직간접적으로 제시하는 데 있다.

나는 독서를 통해 배우고 깨우친 것을, 내 삶에 얼마나 적용해서 어떤 결과를 이끌어내고 있는가. 자문해 볼 일이다.

라이프 스타일과 건강한 운

"현재는 과거의 토대 위에 있고,
미래를 담고 있는 씨앗이다."

'놈코어(normcore)'는 'normal'(평범)과 'hardcore'(철저함)를 합친 말이다. 꾸미지 않은 듯 평범함을 추구한다는 의미로 의류를 비롯해 식기 또는 가구 등 생활 전반에 적용됐던 말이다. 2000년 중반에도 '슈퍼노멀(supernormal)'이 등장했었다. 가구 소품 등에서 독특한 장식과 디자인을 배제하고 기능에 집중하여 편안한 디자인을 지향했다.

요즘 라이프의 대세는 욜로(YOLO)다. You Only Live Once! 한 번뿐인 인생을 충분히 즐기며 살겠다고 외친다. 우리네 부모님의 세대가 미래를 위해 현재를 참고 절제하는 삶이 미덕이었다면 요즘의 젊은 세대는 현재의 삶 속에서 지금 가진 것으로 나름 풍요롭게 살자는 게 모토다. 투데이족도 같은 맥락이다. 오늘을 즐기라는 '카르페 디엠(Carpe diem)'도 같은 의미다.

욜로의 삶은 누구나 원하는 삶이기도 할 것이다. 그러나 어떤 삶이든 어둠과 빛이 함께 공존하는 법이다. 필자는 두 가지를 한꺼번에 봐야 한다고 생각한다. 가히 백년을 사는 우리 인생을 생각할 때, 현재를 위한 삶과 미래를 위한 삶을 동시에 살아야 한다. 현재만을 위해 회피한 문제들은 언젠가 그대로 내게 다시 돌아오는 것들이기에.

현재 내가 살고 있는 사회의 정치, 경제, 문화 등의 상황이 라이프 스타일에 지대한 영향을 준다. 그러니까 지금 내 선택이 시대적 요청일 수도 있다는 얘기다. 어쩌면 트렌드란 그러한 것들이 함께 연동되어 빚어진다 해도 무방하다. 현재가 과거의 토대 위에 미래를 담고 있는 씨앗임을 상기할 때, 지금 시대가 요구하는 것도 적절히 수용하고, 또 미래를 위해 미뤄서는 안 되는 것들을 마땅히 해야 한다. 그것이 균형을 이룰 때 나의 운은 건강하게 흐를 것이다.

불규칙성 속에 숨어 있는 행운

"남들과 다른 수를 둘 줄 알아야 한다."

윤태호의 만화 《미생》을 보면, "규칙, 사례, 불변의 진리가 지배하는 게 바둑이라면, 바둑이 결코 지금까지 전해질 수 없었을 것이다. 남들과 다른 수를 둘 줄 알아야 한다."라는 말이 나온다.

우리가 사는 세상은 절대적인 진리에 의해 보존되고 유지되

는 것들이 있다. 그러나 그 외의 기성화된 것으로는 현상 유지
는 고사하고 살아남을 수조차 없게 되어 버렸다.

기존 정해진 프레임으로 세상과 사물을 보면, 전혀 새로운 문
제나 상황에 대처할 수 없다. 그러니 하나의 관점 혹은 고정된
시각으로 세상을 해석하면 변화된 다양한 양상들은 어떻게 받
아들이고 적용할 수 있을까?

우리도 마찬가지다. 내 삶에서 다른 수를 둘 수 있으려면, 우
리는 과연 어떻게 해야 할까? 먼저 미시적인 것과 거시적인 것
을 함께 보는 자세, 그리고 다르게 보고, 다르게 적용을 하는
창조적인 마인드가 필요하다. 그 창조적인 마인드는 곧 자유롭
게 어떤 속성이나 규칙에 사로잡히지 않는 카오스의 세계에 열
려 있어야만 가능하다. 그래야 무형의 것을 통해 유형의 것을
발견해 낼 수 있고, 유형의 것을 변형시켜 새로운 것을 만들어
낼 수 있다.

'청록색의 진주'라는 별칭을 가지고 있는 해왕성은 바다의 신
이라는 뜻의 '포세이돈' 또는 '넵튠'이라는 이름을 가지고 있다.
태양에서 평균 44억 9,400만km 떨어진 곳에서 타원형 궤도를
따라 165년에 1회씩 태양 주위를 돌고 있는 해왕성은 지구보다
17배 무겁고 부피는 지구의 44배가 넘는다고 알려져 있다. 그

런데 해왕성이 발견되기 오래전부터 과학자들은 태양계에서 천왕성의 운동에서 발견되는 불규칙성을 보고 해왕성의 존재를 유추했다고 한다. 결국, 1846년에 비로소 해왕성의 존재가 발견되었다. 이렇게 잠재된 것을 유추해 낸 힘은 바로 초월적 사고에 있었다. 기존에 증명된, 혹은 과학적으로 드러난 사실을 결과로 한정하는 것이 아니라 초월적 사고를 통해 어떤 것을 추론하고 결국은 그 존재를 발견해 낸 힘. 초월적 사고가 불규칙성 안에 숨어 있는 거대한 잠재력을 발현시킨 것이다.

당신이 현재의 불확실함과 불규칙한 상황에 놓여 있다면 초월적 사고를 통해 당신만의 귀한 보석을 캐낼 가능성도 함께 있다.

자신훈이 내 운을 연다

"자신훈은 내 운명이다."

학교에는 교훈이 있고, 교실에는 급훈이 있으며 가정에는 가훈이 있다. 개인에게는 '자신훈'이 있다. 자기만의 일이나 직업적인 목표뿐 아니라 삶의 가치를 담은 것이 바로 '자신훈'이다. 이것이 있는 사람은 삶의 방향을 정한 사람이고, 삶을 좀 더 의미 있게 구성할 수 있는 사람이다. 또한 자신만의 가치를 실현하는 속에서 스스로 운도 열어갈 수 있는 사람이다.

자신훈은 자기 신념 내지는 자기 지향이라고도 할 수 있다. '아임 유얼스(I'm Yours)'라는 노래로 잘 알려진 가수 제이슨 므라즈는 "지역적으로 행동하고 사랑하되, 지구적으로 생각하기"라는 말로 그의 신념과 의지를 표방했다. 곧 그의 자신훈이다. 내가 살고 있는 현실을 중시하고, 내 주변을 사랑하며 크고 넓은 지구적 마인드와 시각으로 세상을 살아간다면 얼마나 발전적이고 충만할까.

우리도 각자의 자신훈을 만들어 보자. 그것이 목표여도 상관없고 어쩌면 살고 싶은 기대치여도 상관없다.

필자의 자신훈은 두 가지다. 하나는 붓다의 '자등명 법등명(自燈明 法燈明)'이다. 이는 '진리를 등불로 삼아 자신을 믿고 앞으로 나아가라.'라는 것이다. 또 다른 하나는 '생명에 도움이 되는 삶을 살자'다. 어떤 식으로든 살리는 쪽으로 도움이 되는 삶을 살고자 한다. 그래서 어떤 일에 봉착했을 때 판단 기준은 '생(生)'이다.

이것이 과연, 사람에게 도움이 되는가? 살아 있는 생명에 도움이 되는가? 이것을 판단의 준거로 삼는다.

지금 당장 종이를 꺼내 놓고 그 위에 써 보라. 내가 좋아하는, 혹은 살아가고자 하는 내 인생의 자신훈을 말이다. 자신훈이 내 삶의 지표라면 자신훈은 곧 내 운명을 만든다.

운을 상승시키는 욕망

"아름답게 욕망하라.
나를 위한 현명한 욕심이 인생을 풍요롭게 만든다."

우리는 모두 욕망하며 살아간다. 행복을 전제로 물질이든 정
신적 가치든. 그런데 살다 보면, 주객이 전도됨을 느낄 때가 많
다. 행복과는 별개로 욕망 자체만 추구하게 되는 경우다.

한창 절정에 있는 사람이 중병에 걸리거나 사생활이 폭로되
어 고초를 겪는 것을 볼 때가 있다. 왜 하필, 절정에서 그런 일
들이 터지는 걸까? 아마도 그동안 살아오면서 본질에 어긋났던
부분들이 차곡차곡 쌓여 행복이라는 목표를 잃고 욕망만 추구
하다 절정의 타이밍에서 터진 것이리라.

최고의 정점은 그동안 그가 하고자 했던, 혹은 쌓아 왔던 결
과의 극점이다. 그런데 그 극점으로 끌어올리기까지 해 왔던,
모든 생각과 말과 행위들도 그의 외부적 성공만큼 함께 커 왔다
고 볼 수 있다. 즉, 성공도 임계점에 다다라야 성취되듯이 비본
질적인 욕망 추구도 임계점에 이르면 드러나는 것이다.

인간의 삶에서 욕망이 앞면이라면, 뒷면에 채워야 할 것은 인격적인, 혹은 긍정적인 세계관에 대한 성찰이다. 우리는 무엇을 하든 우리가 하고자 하는 앞면의 목표와 더불어 뒷면을 무엇으로 채울 것인지 고민하며 나아가야 한다.

그래야 참다운 성공, 기쁜 성공, 조화로운 성공, 나와 타인에게 이로운 성공이 된다.

어쩌면 우리가 무엇을 시작하기 전에 현명하게 욕망하는 법부터 먼저 배우고 행동한다면 보다 많은 시행착오를 줄일지도 모른다. 나아가 보다 건강하고 조화로운 세상이 되지 않을까.

개인적이되 거시적인 가치를 담는 그런 욕망을 가져보자.

그렇다면, 현명한 욕망은 무엇인가. '현명(賢明)'은 지혜롭고 사리에 밝다는 뜻이다. 우리가 살아가는 세상에서 가장 현실적인 덕목이 바로 지혜다. 지혜란 무엇인가. 지혜는 사물의 이치나 상황을 제대로 깨닫고 그것에 현명하게 대처할 방법을 아는 능력이다.

어차피 현명과 지혜는 서로 유기적이다. 사리에 밝다는 것도 사물의 이치나 상황을 제대로 아는 것과 같은 말이다. 세상을 살아가는 이치와 분별력을 갖춘 것이 현명이고 닥친 현실의 상황과 문제를 제대로 파악하고 그에 맞는 방도를 아는 것이 지혜라면 현실을 살아가는 우리에게 진정 필요한 덕목이다.

우리가 사리에 맞게 욕망하고, 그 욕망을 현명하게 구현한다면 비극적인 욕망의 귀결은 맞지 않을 것이다. 그런 의미에서 욕망을 관리하는 것은 곧 운을 좋게 만드는 것이다.

그뿐만 아니라 욕망은 삶의 끝까지 성찰해야 할 대상이다. 어느 한순간 달콤한 유혹에 빠져 타협하기 시작하면 그동안 얼마나 잘 해왔느냐는 아무 소용이 없게 된다.

인간은 한번 욕망에 압도되면 위험을 감지하면서도 브레이크를 밟지 못하거나 자신의 힘으로는 어쩌지 못해 그저 강제 종료될 때까지 끌려가는 속성이 있다. 혹자는 그래도 왜 그때 멈추지 않았느냐고 질책할지 모른다. 그러나 당사자가 처한 상황에서는 위험을 인식해도 그 사건을 종식시킬 에너지가 없거나 이미 엉켜 버린 주변 상황을 제어할 수 없기 때문에 멈출 수가 없다.

나의 욕망과 타인의 욕망이 함께 공존하는 엄연한 현실에서 건강한 욕망 실현을 위해 절제의 힘을 기르고, 배려의 마음을 잊지 않는다면 이것 역시 운을 트이게 하는 것이다.

역사의 한 페이지

"지금 이 순간에도 우리는 우리의 역사를 채우는 중이다."

– 니체

"우리들의 삶 자체가 곧 역사다. 지금 무엇을 위해 살고 어떻게 행동하는가. 그것이 바로 매일의 역사를 만든다. 두려워하거나 허둥대지 않고 오늘 하루를 마쳤는가, 게으르게 보냈는가, 용감하게 도전했는가, 어떤 일을 어제보다 더 나은 방법으로 행했는가, 이 같은 태도들이 하나하나 쌓여 매일의 역사를 만드는 것이다. 매일의 삶이 곧 그대의 역사다." 니체의 글이다.

역사의 사전적 의미는 인류 사회의 변천과 흥망의 과정 또는 그 기록이다. 그렇다면 개개인에게 나의 역사란 매일 우리가 경험하며 그 속에서 우리가 반응해 가는 것이라 할 수 있겠다. 우리가 매일 무엇을 생각하고 어떤 행동을 선택해서 하는가에 따라 우리 자신의 역사는 그에 따라 기록될 것이다. 결국 나의 역사는 스스로 만들어가는 것.

우리가 매일 살아가는 내용이 개인의 역사라면, 그 역사가 쌓여 개인의 운명이 된다. 운명이라 칭하면 왠지 거대한 무게가 느껴지지만, 내 역사와 운명은 나의 생각들과 내가 선택한 행동 그리고 가끔 등장하는 예측 불허의 사건들의 결합이다.

오늘 하루 나의 역사를 어떻게 기록하고 싶은가. 그저 그렇게 시간을 때우고 허비했다고 적고 싶은가. 아니면, 충실하고 보람된 하루였다고 기록하고 싶은가. 날마다 성실하고, 매일을 보람된 날들로 채울 수는 없다 하더라도 대부분의 많은 날들을 성실하게 보냈고 시간을 소중하게 보냈다는 서사를 기록하고 싶지 않은가. 그런 기록이 쌓이면 언젠가는 자신이 느낄 수 있을 만큼 성장해 있을 것이다. 또한 그런 삶이 반복되면 운도 상승되어 좋은 기회로 자신을 이끌게 될 것이라고 믿어 의심치 않는다.

지금 이 순간에도 우리는 우리의 역사를 채우는 중이다.

운을 움직이는 힘

"신기루가 진짜 현실이 될 수도 있는 게 세상이다."

우리에게 희망이 없다면 우리는 무엇으로 살아갈까? 그저 하루하루 주어진 대로 물리적인 삶은 살지언정 변화에 도전하고 성취하는 삶을 살지는 못할 것이다. 어쩌면 희망이 신기루처럼 느껴지더라도 희망을 잃지 않는 마음이 우리에겐 무엇보다 중요한 이유다.

혹자는 그렇게 말할지도 모른다. 그런 신기루 같은 것이 무슨 힘이 있느냐고. 그러나 인생을 살아가다 보면 알게 된다. 그 신기루가 진짜 현실이 될 수도 있는 게 세상이란 것을.

미래의 꿈이나 소망은 내 앞에 현실이 되기까지 아직은 신기루에 불과하다. 신기루란 대기 속에서 빛의 굴절 현상에 의하여 공중이나 땅 위에 무엇이 있는 것처럼 보이는 현상을 말하기도 하고, 공중에 떠 있는 누각이라는 뜻으로 아무런 근거나 토대가 없는 사물이나 생각을 비유적으로 이르는 말이기도 하다. 또 홀연히 나타나 짧은 시간 동안 유지되다가 사라지는 아름답고 환상적인 일이나 현상 등도 신기루라 한다. 그렇다. 신기루는 아직 실체화되지 않은 그 무엇, 환상 내지는 현상이다. 하지만 그 안에는 실체가 되려고 하는 어떤 에너지가 있다.

오늘의 현실이 팍팍하고 힘들다고 꿈과 소망을 신기루라 여기고 체념하면 자신의 인생을 진짜 신기루로 만드는 것이다. 포기하지 않고 희망을 등불 삼아 앞으로 나아가면 끝내 신기루는 실체가 되어 내 앞에 펼쳐진다.

어쩌면 우리가 얻고자 하는 것이 신기루일지도 모른다는 생각은 한편, 건강한 삶을 위해 필요한 것인지도 모른다. 성경 전도서의 솔로몬 왕의 탄식을 보라.
"헛되고 헛되다. 설교자는 말한다. 헛되고 헛되다. 세상만사 헛되다. 사람이 하늘 아래서 아무리 수고한들 무슨 보람이 있으랴! 한 세대가 가면 또 한 세대가 오지만, 이 땅은 영원히 그대로이다. 떴다가 지는 해는 다시 떴던 곳으로 숨 가쁘게 가고, 남쪽으로 불어갔다 북쪽으로 돌아오는 바람은 돌고 돌아 제자리로 돌아온다. 모든 강이 바다로 흘러드는데 바다는 넘치는 일이 없구나. 강물은 떠났던 곳으로 돌아가서 다시 흘러내리는 것을. 세상만사 속절없어 무엇이라 말할 길 없구나. 아무리 보아도 보고 싶은 대로 볼 수가 없고, 아무리 들어도 듣고 싶은 대로 들을 수가 없다. 지금 있는 것은 언젠가 있었던 것이요, 지금 생긴 일 또한 그렇다. 하늘 아래 새것이 있을 리 없다. 보아라, 여기 새로운 것이 있구나! 하더라도 믿지 마라. 그런 일은 우리가 나기 오래전에 이미 있었던 일이다. 지나간 나날이 기억에서 사라지듯 오는 세월도 기억에서 사라지고 말 것을."

〈전도서(1장 2~11절)〉

이 말씀은 인간이 하는 일들이란 결국 허망하다는 것이다. 세상에서 벌어지는 일들을 보라. 납득하기 어려운 일들이 넘쳐나고 희망과 긍정을 무참히 짓밟는 일들이 비일비재하다. 하지만 그 면만을 부각한다면 우리가 애써 살아야 할 의미는 그 어디에도 없다. 비록 허무함으로 가득한 세상일지라도 세상을 존재케 하는 자비의 힘이 분명 있음을 믿기에 생을 포기하지 않으며 타인을 위해서도 헌신하는 것이다. 우리 개인의 삶도 마찬가지다.

살다 보면 우리가 상상조차 하지 않았던 일로 인해 크게 낙심할 때가 있다. 그럴 때 끌어올려 줄 사람도 없고 잡고 올라갈 밧줄도 없다면 생(生)은 사(死)로 보인다. 그러나 세상만사관 뚜껑 닫기 전까진 끝나도 끝난 게 아니다. 좌절과 체념의 유혹에 맞서 생을 위해 모색하기 시작하면 '자살'이 '살자'로 뒤바뀌는 게 인생이다. 생의 가능성을 믿고 희망의 끈을 놓지 않으면 사의 기운이 생의 기운으로 바뀌어 되살아남을 기억하자.

운을 실현시키는 것

"기회의 골든타임을 잡아라."

기회는 곧 운이다. 당신에게 기회의 골든타임이 주어진 적이 있는가? 좋은 운을 맞이할 최적의 기회 말이다. 가끔 주변에서 자신에게는 기회조차 주어지지 않았다는 불평을 듣곤 한다. 하지만 지금까지 많은 상담과 경험을 통해 느낀 점은 그들 중 대다수는 준비가 되어 있지 않아서 눈앞에 온 기회를 잡지 못한 경우가 많았다. 또한 어렵사리 잡은 기회를 잘 살리지 못한 예도 심심치 않게 보았다. 원인은 준비 단계에서 있는 힘을

다 써 버려서 정작 실전에선 맥을 못 춘 경우였다. 이는 심리적으로 실전을 회피하거나 일의 각 과정상 필요한 기승전결에 따른 힘의 안배를 적절하게 하지 못한 경우였다. 준비 없이 기회만을 바라는 것도 문제지만 준비만 하면서 진짜 실전에선 제 실력을 제대로 발휘하지 못하는 것도 큰 문제다. 뿐만 아니라 기회를 살려 운을 발현하기 위해서는 성실한 자세와 훈련이 기본이기도 하지만 일의 성질에 따라 다르게 생각하고 적용할 줄 아는 유연함도 필요하다.

일의 성격에 따라 완벽한 준비 혹은 일정한 자격을 취득해야만 가능한 일이 있고 몸으로 부딪쳐 현장 경험을 살려 경력을 쌓는 것이 오히려 꿈을 앞당기는 경우도 있다. 그러므로 내가 하고자 하는 일이 어떤 준비가 요구되는 것인가를 먼저 따져 보는 게 현명하다.

누구에게나 기회의 때는 온다. 고로 좋은 운의 때도 분명 온다. 다만, 그 기회와 운을 알아보는 생생한 촉이 살아 있어야 한다.

우리 동네에 건물 청소 일을 하시는 아주머니 한 분이 계신다. 항상 밝고 적극적인 모습이 참 좋아 보였다. 딸이 방학을 하면, 가끔 동반해서 청소를 하러 오기도 한다. 어느 날 그분에게 어떻게 청소 일을 하게 되셨느냐고 물었다. 그분의 대답은 이랬다. 딸 셋을 키우는데, 남편 월급이 박봉이라 자신이 나서서 무언가라도 해야 아이들을 교육시키고 생활이 나아지겠다 싶어 길을 찾기 시작했단다. 결국 자격증이나 나이와 상관없는 일을 찾다 보니 청소대행업이 눈에 들어왔다고 한다. 처음엔 건물마다 무작정 찾아가 일을 맡겨 달라고 사정을 했고, 지금은 직원을 거느린 어엿한 사장님이 되셨다.

그리고 내가 아는 지인 한 분은 연세가 칠십 중반 되신 분인데 요양보호사가 되기 위해 요양보호사 학원에 다니며 필기시험에 합격하고, 실습만 앞둔 상태다. 그렇다. 나이는 핑계다. 하고자 한다면, 기회는 무궁무진하다. 환경 탓, 여건 탓하며 핑계를 대는 사람은 그 어떤 기회도 운도 얻을 수 없다. 절실함과 정성으로 자신이 꼭 하고 싶고 할 수 있는 일을 찾아 시간과 노력을 들이자. 용기를 내어 기회의 문을 두드리자. 두드리는 자 반드시 그 열리는 운의 문으로 들어갈 수 있다.

관성을 바꾸면 새로운 운이 열린다

"나의 병은 나의 모든 습성을 바꿀 수 있는 권리를
나에게 부여하였다."

– 니체

사람들은 왜 변하려 할까. 그것은 좀 더 나은 자신을 원하기 때문이고, 좀 더 많은 것을 갖거나 가치 실현을 위해서다. 그런데 현재 상태에서의 발전이나 성공은 내 기존 관성을 깨야만 가능하다. 그 관성을 깨려면 어떻게 해야 할까?

하나의 관성을 깨려면, 기존의 에너지 작용보다 더 큰 힘이 가해져야 가능한 일이다. 그렇다면 그 힘은 어디에서 오는 걸까? 그 시작은 내가 처한 현실을 철저히 자각하는 것에서 출발한다. 비록 그것이 고통과 두려움을 동반한 것일지라도.

모든 습성을 바꿀 수 있는 전환점이 병이었던 니체와 같이 생명을 위협하는 병이나 어떤 치명적인 사건, 혹은 사랑하는 사람과의 이별, 배신 등이 계기가 되어 기존의 생각과 가치관을 완전히 바꾸어 버린 사람도 있다. 그것을 변곡점 삼아 그동안의 인생 경로를 완전히 바꾼 것이다.

그렇다면 이런 큰 이슈가 없는 우리네 일반인들은 어떻게 해야 변화할 수 있는 계기를 만들 수 있을까.

어떤 사람들은 말한다. 왜 꼭 변해야 하느냐고. 현재의 나도 괜찮은데 왜 더 나은 사람이 되어야만 하냐고. 물론 그대로도 괜찮다. 그것은 옳고 그름의 문제가 아니라 선택의 문제이다. 현재 생활에 만족하고 머물러 있는 것이 행복하다고 느낀다면 그것을 선택하면 그만이다. 그러나 성장의 욕구가 강하고 뭔가 좀 더 나은 삶을 위해 살아가고자 한다면 기존 관성을 스스로 깨야만 한다. 그러기 위해서 우선, 내가 어떤 사람이고 또 내가 무엇을 원하는지 정확히 알아야 한다. 그래야 방향을 제대로 잡고 나아갈 수 있다. 그래야 새로운 운의 장으로 이동할 수 있다.

삶의 격

> "예의, 존중, 배려,
> 그리고 사람에 대한 황금률을 지켜가는 것이 귀격이다."

사람의 격은 품격 수준을 의미하며 그것은 곧 성품으로 나타난다. 그리고 그 성품이 어떻게 발현되는가에 따라 귀격 혹은 천격이라 말하기도 한다. 지금까지 살면서 진정 인간의 격을 느끼게 한 사람이 있었는가. 사실 성숙한 인간애와 사람에 대한 예의가 있는 사람들이 드물다. 그래서 서글프다.

그리하여 좀 격이 있는 인간이 되고자 한다. 운도 인간에게 귀격이나 천격으로 작용할까. 사실 돈이 문제가 아니라 돈을 어떻게 사용하는가에 따라 다르듯 운 역시, 그 사람이 어떻게 살아가느냐에 따라 격이 다르다.

삶의 격이란 높고 낮은 사회적 지위로 따질 문제도 아니고, 단지 잘살고 못살고의 문제는 더더욱 아니다. 그렇다고 문화적인 수준의 차이도 아니다. 사실, 귀격이란 교과서적이라 새로울 것도 없지만 기본적인 예의, 존중, 배려, 그리고 사람에 대한 황금률을 지켜가는 것이 바로 귀격이다. 남이 싫어하는 것을 하지 않고, 내가 받고자 하는 대우를 나 역시 타인에게 그대로 하는 그것.

그런데 우리의 격은 일차적으로 내가 쓰는 말과 행동으로 드러난다. 치장하는 말이 아닌 반듯한 말, 기교는 없지만 솔직 담백한 말, 사람의 기분과 감정을 존중하는 말들로 말이다.

나아가 그러한 격이 갖춰지면 격조 높은 사람이 된다. 사람의 품격과 취향이 격조 높은 사람은 당연히 사람 자체로 아름다울 뿐 아니라 주변에 좋은 사람들이 모이게 되어 있다.

그렇게 격을 이뤄 품격을 갖추면 운도 함께 품격 있는 운으로 전환된다.

그렇다면 묻겠다. 나는 귀격인가, 천격인가. 아니, 다시 묻겠다. 나는 천격의 운으로 살고 싶은가, 아니면 귀격의 운으로 살고 싶은가.

운명론

"예언의 틀, 경험과 지식의 틀,
인식의 틀을 깰 수 있다고 믿으면 운명은 없다."

중국 명나라 때에 원료범이라는 사람이 있었다. 그는 어릴 때 아버지를 여의고 어머니 밑에서 자랐다. 진사 시험을 치르고 싶었지만, 가세가 빈한하여 생계를 위해 의원이 되었다. 그러던 어느 날, 공 노인을 만나게 되었는데, 그는 관상을 보고 예언을 하는 사람이었다. 그는 원료범을 보고는 그의 앞날에 대해 몇 가지 예언을 하였다. 어느덧 시간이 흘러 원료범은 공 노인이 예언한 대로 진사에 급제하여 높은 자리에까지 오르게 된다. 그러나 또 다른 예언대로 자식이 없었다.

그렇게 운명론자로 살던 어느 날, 원료범은 우연히 운곡선사라는 분을 만나게 되는데, 운곡선사는 원료범이 공 노인이 예언한 대로 모든 것이 되었다는 말에 그를 크게 꾸짖는다. 운명론으로 삶을 체념하거나 단정하는 것은 옳지 않으며, 운명이란 오랜 기간 공부하여도 다 알 수 없는 것이라고 질책했다. 그러면서 운명은 하늘이 이루는 것이기도 하고 스스로 만드는 것이라고도 일러 준다. 또한 스스로 그 운명의 사슬에서 벗어나 자유롭게 자신의 생을 살라고 충고한다.

그날 이후, 원료범은 운곡선사의 충고를 받아들여 지금까지 신봉하고 단정했던 자신의 운명을 바꾸고자 결심한다. 그러자 그동안 공 노인이 말한 대로 되던 예언이 맞지 않게 되었고, 없다던 자식도 얻게 된다.

우리가 살아가는 세상은 인간의 지혜나 지력으로 알 수 없는, 즉 보편성을 뛰어넘는 일들이 벌어지곤 한다. 그러나 따지고 보면, 그 또한 인간 세상에서 벌어지는 일들이다. 우리는 눈에 보이는 세상을 한계로 삼아 있다, 없다를 논하고, 지금까지 밝혀진 과학적 근거를 가지고 또한 진짜다, 아니다를 말한다. 그러나 이 또한 과정이다. 지동설이 밝혀지기 전 천동설이 진리였던 것처럼 말이다. 그러니 단정 짓지 말고 살아야 한다. 내가 아는 것에 한계가 있다는 걸 인정하면, 단정 짓지 않게 되고 독단하지 않게 될 것이다.

간혹, 비종교인들은 과학적 논리를 근거로 신은 없다고 주장한다. 그래서 종교인에 대해 신비주의에 빠진 자라거나 비과학적인 사람이라고 매도하기도 한다. 또한 여러 종교를 포용한 사람을 마치 이단이나 뭔가 주관이 뚜렷하지 않은 사람이라고 비난하기도 한다. 이 또한 자신의 짧은 지식과 오해에서 비롯된 편견이다. 세상의 다양한 시각을 이해하는 사람은 자신과 다르거나 다른 경험을 가진 사람에 대해 함부로 폄훼하거나 재단하지 않는다.

어쨌든, 큰 틀에서 운명도 있지만, 그 운명조차 개개인의 의지와 선택으로 달라진다는 사실을 잊지 말자. 운도 역시 열린 마음으로 다양한 시각을 수용할 때 운명의 스펙트럼은 훨씬 넓고 다양하게 표출된다.

운명의 주체자

> "사주명리학은 기호의 의미를 확장하면서,
> 그 사람의 운명에 접근한다."

사주명리학은 단순히 고정된 예언이 아니다. 기실, 사주팔자라는 기호를 가지고, 그 사람의 태어난 환경과 살아가는 과정, 주변 인물과의 관계, 그리고 그 관계로 인해 빚어진 일들을 추론하는 것이다. 명리학자의 말에 의하면, 사주팔자의 원국대로 사는 사람도 있고 아닌 사람도 많다고 한다.

그렇다면, 무슨 이유로 어떤 사람은 원국대로 살고 또 어떤 사람은 원국과는 다른 인생을 사는 것일까.

원국대로 사는 사람은 사주학의 기호에 준하는 삶을 사는 사람일 것이다. 유전적인 형질이나 타고난 기질에 따라 살 확률이 높다. 그런데, 최근 이를 반박하는 연구 결과가 나왔다. 그것은 스위치 이론으로 유전자도 그것이 발현될 수 있는 병인을 발현하지 못하도록 스위치를 끄거나 켤 수 있다는 것이다. 어떤 똑같은 유전적 요인을 가졌다 할지라도 그것이 발현되고 안 되고는 또 다른 요인이 간섭한다는 것인데 이는 물리적으로 생활 습관을 바꾼다든지 또는 정신적으로 강한 신념이나 의지가 있느냐에 따라 달라진다는 것이다.

사주팔자에도 용신이란 것이 있다. 사주팔자에 결핍된 것을 어느 정도 보충하거나 보완할 수 있도록 개입시키는 것이 용신이다. 용신은 곧 나의 운을 보완해서 살도록 도와주는 것이다. 즉, '과유불급'에서 오는 문제를 완화하기 위해 넘치는 것은 덜어 내고 부족한 부분은 채워 넣는 것을 말한다. 이것 역시 사주팔자가 고정된 것이 아님을 말해 주는 것이다.

우리가 어려울 때 사주명리를 보는 이유는 위로 받기 위한 것도 있고, 문제를 해결하기 위한 것도 있다. 그런데 시중에 운명을 본다는 사람 중에 정말 제대로 알고 운명을 논하는 사람이 몇이나 될까. 필자 역시 돌아보니 일명 얼치기한테 본 적도 있었다. 운명을 제대로 알지도 못하는 사람들에게 내 운명을 감정 받는 것은 맹인이 맹인을 끌고 가는 것과 뭐가 다른가. 나보다도 나를 모르는 어떤 이에게 내 운명을 농단하도록 내버려두는 것만큼 어리석은 일이 또 있을까.

해결책이 나올 수 없는 사람에게서 더 혼란스러운 이야기를 듣는다면, 문제 해결은 고사하고 더 큰 어려움을 불러올 수 있다.

이 세상에 존재하는 것들은 인간이 어떻게 사용하느냐에 따라 유익할 수도, 해를 입을 수도 있다. 칼이 의사에게는 사람을 살리는 도구가 되고, 강도에게는 사람을 상해하는 도구가 되듯이.

그래서 자신이 먼저 그 해석의 적확성이나 함의된 것이 무엇인지 알아야 한다. 그렇다면 사주를 봐도 상관없다고 생각한다. 다만, 이 또한 실력 있는 사람인지, 사익을 얻기 위해 현혹하는 사람인지 살펴야 한다. 중요한 것은 어차피 그들은 문제 해결을 할 수 없다는 점이다.

내가 사주명리를 유용하게 활용할 수 있는 수준이라면 보는 것이고, 그렇지 못하다면 안 보는 게 답이다. 기억하자. 내 운명을 스스로 결정하고 선택하며 책임지는 사람은 운 또한 주도하는 주체자임을.

꿈은 내 운명의 방향, 좋은 운의 기폭제

"행동이 운명과 운을 증명하는 유일한 길이다."

1. 욕망의 구체적 실행이 운을 만든다.

내가 원하는 삶, 내가 살고 싶은 방향 그 속에 우리의 욕망이 자리 잡고 있다. 욕망이 우리 삶의 선택을 주도하고 우리의 길을 조종한다. 고로 내 운명과 운이 어떤가를 알고 싶다면 내 욕망의 내용이 무엇이고 그 강도가 어떠한가를 보면 된다.

사람은 보편적 욕망에 자신만의 가치관이 보태어져 행동한다. 그래서 그 행위의 결과가 나의 운명을 만들며 운을 주관하게 된다.

그 얼마나 중요한가, 제대로 욕망한다는 것은!

욕망은 그 실현을 위해 변화를 원한다. 욕망을 구체화할 수 있는 요건으로의 변화다. 필자가 상담을 하면서 많이 들었던 말은 자신들이 원하는 것과 그 원하는 것을 얻기 위해 좀 더 발전된 모습으로 "변하고 싶다. 어떻게 해야 변하느냐?"였다.

하지만 변화를 위해 뭔가 구체적인 생각이나 행동을 하는 사람은 많지 않았다. 무엇보다 나를 변하게 하는 것에 대한 성찰

부족과 직접적인 실천 부재가 가장 큰 문제였다. 변하고 싶다면 변하겠다는 절실함이 있어야 하고 변화로 이끌 수 있는 행동이 뒤따라야 변화된다. 사실 우리가 아무리 많이 알고 삶의 진정성을 가지고 있다 해도 행동하지 않는 한 그 무엇도 일어나지 않는다.

그렇다면 우리는 왜 행동하지 않는가. 현실에 압도된 생활을 하거나 자신에 대한 신뢰가 없기 때문이다. 나의 내면을 깊이 들여다보고 강한 신념을 끌어내어 나 자신이 이루리라는 믿음이 없기에 행동으로 이어지지 않는 것이다.

자신을 믿는 믿음 없이는 설혹 행동을 한다 해도 결실을 맺을 수 없을 정도로 미미하게 하거나 할 일을 내일로 미루게 된다.

정말 변하기로 마음먹었다면 먼저 자신이 해낼 수 있다는 가능성을 믿고 할 일을 절대 내일로 미루지 마라. 내일로 미루는 것은 단순한 미룸이 아니라 점점 의욕을 약화시켜 종내에는 아무것도 하지 않게 만들기 때문이다. 하기로 했다면 지금 당장 행하라. 하나라도 행하면 내일 그것을 마중물 삼아 또 행동하게 된다. 행동하라. 행동이 내 인생을 만들고 운을 증명하는 유일한 길이다.

2. 깨달음과 선택이 운명을 좌우하고 운의 크기를 만든다

사람들은 아는 만큼 보이고 아는 만큼 들리며 아는 만큼 살아 간다고 말한다. 그렇게 생각하는가? 물론, 아는 만큼 들리기도 하고 보이기도 하고 느끼기도 하지만, 또 그만큼 살아가는 지 는 의문이다.

아는 것과 사는 것이 별개인 사람도 필자는 많이 보아 왔다. 아는 것이 그저 아는 것으로 끝나고 삶에 아무런 적용이 되지 못하면 아는 것은 그저 정보에 불과하다. 정보만으로는 삶을 충만하게 살지 못하며 긍정적인 변화를 가져오지 못한다는 것 을 모르는 사람은 없을 것이다.

참된 깨달음이 있어야 내 운명을 긍정적인 방향으로 이끌 수 있고 제대로 된 선택을 할 수 있다. 우리의 운명은 우리가 선택 한 것들로 이루어진다 해도 과언은 아니다. 그래서 선택이 운 명이라는 말도 있지 않은가. 무엇을 선택하고, 또 어떻게 선택 하느냐에 따라 우리의 운명이 달라지고 운이 달라진다.

순간의 선택이 나의 앞으로의 삶을 결정하는 것일 수 있기에 선택 앞에 선 우리 모두는 선택의 결과에 대한 희망적인 설렘도 있지만, 그 반대의 불안함도 있다. 어찌 됐든 선택의 최종 결과 는 오롯이 우리 자신 몫이다. 하지만 무엇보다 중요한 것은 내 삶의 행로에서 스스로 고민하고 선택하며 그 선택에 대한 결과를 책임지며 살아가는 자세다.

일상에서의 작은 선택들은 그렇다 쳐도 우리 인생에서의 변곡점이 될 큰 선택들은 그 선택자체가 몹시 무겁고 고통스럽기조차 한다. 게다가 선택을 위한 고통의 시간이 지나면 그다음은 내가 한 선택의 결과가 나오기까지 불안은 한층 가열하게 마음을 뒤흔든다. 그러나 이러한 불안은 의미 있는 것이다. 당당히 내 인생의 주인으로서 선택의 무게를 감당하고 설혹 결과가 원하던 만큼 나오지 않았다고 해도 걱정할 것 없다. 그 자체만으로 자기 삶의 주체자로서의 승리이며 배움이고 나아가 내 운을 여는 굳건한 토대가 될 것이기에.

⸜내 운명을 스스로 아는 법

"동쪽으로 기운 나무는 언젠가는 동쪽으로 넘어진다."

"내 삶이 어디로 가게 될지 알고 싶다면, 나의 미래 계획을 살펴보는 것보다는 내가 현재 시간, 돈, 에너지 등 나에게 주어진 자원을 어디에 쓰고 있는지를 보면 된다. 피와 땀과 눈물을 투자할 장소에 대해 내리는 결정이 스스로 되고자 갈망하는 사람과 일치하지 않는다면, 당신은 결코 그런 사람이 되지 못할 것이다."

크리스텐슨의 말이다. 우리는 운명을 알기 위해 주역, 사주 철학, 손금, 관상, 타로 등을 본다. 물론 이러한 것들은 일면 긍정적인 면이 있긴 하다. 과도하게 집착하는 것만 아니라면 스스로 참고하면 그만이다. 그런데 문제는 운명에 관련된 이야기를 한번 듣게 되면 나 자신도 모르게 그 내용에 신경이 쓰이는 것은 어쩔 수 없다는 점이다.

특히 부정적인 얘기를 들었을 때는 과도한 불안을 느끼기도 한다. 그래서 스스로 그러한 일을 자초하기도 한다.

크리스텐슨 박사가 말한 바와 같이 진짜 내 운명을 알고 싶다면 현재 내가 누구와 얘기를 나누고, 시간을 보내며 어디에 돈을 쓰고, 무슨 일을 하며 어떤 행동을 하는지를 잘 관찰하면 자명해진다.

고전에 이런 말이 있다. "동쪽으로 기운 나무는 언젠가는 동쪽으로 넘어진다." 그렇다. 우리가 어떤 방향으로 향해 있으면, 우리는 어떤 식으로든 그 방향으로 가게 되어 있다.

오늘 내 운명의 향방을 알기 위해 철학관을 갈 것이 아니라 조용한 찻집으로 가자. 그리고 차 한 잔을 시켜 놓고 시간과 돈과 에너지를 내가 어떻게 쓰고 있는지를 기록해 보라.

에머슨은 사람이 하루 종일 생각하고 있는 바로 그것이, 바로 자기 자신이라고 말했다. 내 주된 관심사와 주된 활동이 내 삶과 운명을 말해 주는 것이며 나아가 내 운이 어떻게 흐르게 될지 알려주는 나침판과 같다.

내가 만나는 사람들이 곧 나다

"된 사람을 만나면 긍정 기운으로 바뀐다."

내가 누구인지 가장 쉽게 판단하고 싶으면 내가 자주 만나는 사람들을 보라. 그들을 보면 내가 어떤 사람인지 알 수 있다. 나는 아닌데 친구만 그렇다고? 아니다. 외로워서 만나든 뭔가 통하는 게 있어서 만나든 같이 만나 대화하고 먹고 마시며 함께 공유하는 공간과 시간 속 나는 같은 부류의 사람이다. 상대방에게 동조하지 않아도 그 기운에 함께 있다 보면 물들기 마련이다.

뭔가 지향적인 발전을 원한다면 그런 것을 추구하는 사람들과 만나야 한다. 자기계발서 등에서 흔히 말하길, 내가 부자가 되기를 바라거나 어떤 특정 직업을 원한다면 그런 사람들 틈에 끼어 있어야 한다고 한다. 그 말이 정설이다.

일명 '된 사람'을 많이 만난다면 나 역시 괜찮은 사람이 될 가능성이 높아지고 운 역시 긍정적인 기운으로 바뀐다. 그럼 그런 '된 사람'은 어떤 사람을 말하는 것일까.

1. 지켜야 할 것을 잘 지키는 사람

가장 보편적이고 일상적인 것을 잘 지키며 사는 것이 어렵기도 하고 진정성이 있기도 하다. 그런 의미로 생활에 절제가 있고 원칙을 잘 지키는 사람은 의미와 가치를 잘 찾아내고 구별할 줄 아는 사람이다. 나아가 진정한 삶을 살 가능성이 높은 사람이라 하겠다. 《근사록》에도 "마땅히 먹어야 할 것을 먹고 마땅히 마셔야 할 것을 마시는 것은 도심(道心)이다."라고 말하고 있다. 마땅한 것을 하고 당연히 지켜야 할 것을 지키며 사는 사람이 곧 '된 사람'이다.

2. 의리를 아는 사람

요즘은 의리를 논하면 진부한 사람쯤으로 생각하는 경향이 있다. 그러나 우리가 살아가는 삶 속에서 친구나 배우자 또는 부모 자식 역시 의리를 지니고 있어야 한다. 의리는 무엇인가? '의(義)'는 모든 사람이 마땅히 받아들여야 할 정신적, 도덕적 가치를 가리키는 것이다.

나의 나쁜 짓을 부끄러워하고 다른 사람의 나쁜 짓을 미워하는 것. 그런 의리 있는 사람이 옆에 있다면, 아마도 이 세상이 보다 살 만하다고 느끼게 될 것이다. 물론, 내가 의리를 지켜가는 사람이라면, 나의 곁에 있는 사람들도 나를 보며 그런 생각을 할 것이고.

3. 향상심을 가진 사람

"자기의 영혼 속에 존재하는 영웅을 외면하지 마라. 더 높은 곳을 향한 꿈과 이상을 아주 오래전의 일이었다며 그리운 듯이 말하지 마라. 살면서 어느 사이에 꿈과 이상을 버리게 되면 그 것을 말하는 사람을 비웃게 되고 시샘으로 인해 마음이 어지러 워진다. 그러면 발전하겠다는 의지나 자기 자신을 극복하겠다 는 강고한 마음 또한 버리게 된다."

니체의 《짜라투스트라는 이렇게 말했다》 중의 말이다.

발전하고자 하는 마음, 자신을 크게 키우고자 하는 마음은 누구나 원하지만 아무나 성취하지는 못한다. 향상심은 현실을 뛰어넘어야 할 당위성을 가지고 있어 그로 인한 노력은 물론이고 고난과 장애 역시 필수로 받아들여야 한다. 니체는 향상심이 없으면 죽은 인간이라고까지 일갈했다. 살면서 꿈과 이상을 포기하는 바로 그 순간부터 우리는 자신의 가능성을 죽이며 시간 속에 자신을 방치하게 된다. 죽음에 이르러서야 알게 될까. 자신이 자신을 포기한 대가가 무엇이었던가를.

2부

삶을 의미 있게 만드는
요소들

삶의 의미를 찾고자 하는 사람은 삶의 고난 앞에서도

결코 좌절하지 않는다.

뿐만 아니라 스스로 자기 존재를 증명하는 사람이며

운명을 향한 도전을 멈추지 않고

자신의 운을 스스로 꽃 피울 사람이다.

그렇다면 삶을 의미 있게 하는 요소들은 무엇이 있을까.

친구

"맹수를 두려워하지 말고,
악한 벗을 두려워하라."

성경 〈집회서(6장 5~17절)〉에 친구에 대한 구절이 있다.
"부드러운 말은 친구를 많이 만들고, 상냥한 말은 친구들을
정답게 한다. 될 수 있는 대로 많은 사람들과 잘 사귀어라. 그
러나 네 마음을 털어놓을 친구는 한 사람만 택하여라. 친구를
사귈 때에는 먼저 그를 시험해 볼 일이다. 너무 서둘러 네 마음
을 주지 마라. 어떤 친구는 자기에게 이익이 있을 때에만 우정
을 보이고, 네가 불행하게 되면 너를 버린다. 어떤 친구는 원수
로 변하여 너와 싸우며, 너의 숨은 약점을 공개한다. 또 어떤
친구는 너의 식탁에는 잘 와서 앉으나, 네가 불행하게 되면 너
를 버린다. 네가 잘 살 때는 네 집을 자기 집처럼 여기고 네 하
인들마저 마음대로 부리다가 네가 망하게 되면 등을 돌려 네 앞
에서 자취를 감춰 버린다. 원수들은 멀리하고 친구들도 경계하
여라. 성실한 친구는 안전한 피난처요, 그런 친구를 가진 것은
보화를 지닌 것과 같다. 성실한 친구는 무엇과도 비길 수 없으
며, 그 우정을 값으로 따질 수 없다. 성실한 친구는 생명의 신
비한 약인데, 주님을 두려워하는 사람만이 이런 친구를 얻을

수 있다. 주님을 두려워하는 사람은 참된 벗을 만든다. 그러므로 그의 친구도 그처럼 참되게 대해 준다."

기쁠 때나 슬플 때나 한결같은 친구가 내 곁에 있는가.

나는 상대에게 그런 친구인가.

붓다께서 말씀하셨다. "친구다운 친구, 즉 자신보다 우수하고 동등한 친구를 사귀지 못할 바에는 무소의 뿔처럼 혼자 살라." 동양의 고전에도 이와 유사한 말들이 많다.

그 이유는 대체 뭘까? 흔히들 친구라 함은 나보다 뒤처질 수도 나을 수도 동등할 수도 있는 것이라 여긴다. 그런데 우수하고 동등한 친구만 사귀라니, 의구심을 나타낼 수도 있을 것이다. 붓다께서는 친구를 향상성을 함께하는 성장의 도반으로 본 것 같다. 또한 우리가 함께하는 사람과는 정신성을 공유하므로 좀 더 발전적인 친구와 사귄다면, 분명 정신적으로 도움이 될 것은 분명하다.

《아함경》에는 가까이하지 말아야 할 친구에 대한 다음과 같은 경구가 있다. "맹수를 두려워하지 말고, 악한 벗을 두려워하라. 맹수는 다만 몸을 상하게 하지만, 악한 벗은 마음을 파멸시키기 때문이다."

적어도 자신에게 악영향을 끼치는 사람을 친구로 여기는 것은 정말 어리석은 짓이다. 그는 그 자신과 상대, 그리고 더 많은 이들에게 악영향을 미치는 자이므로.

인디언들은 "친구란 내 슬픔을 등에 지고 가는 자다."라고 한다. 참으로 의미 깊다. 당신은 당신 친구의 슬픔을 등에 져 본 적이 있는가. 또 당신의 슬픔을 등에 져 준 친구가 있는가.

저자 강정규의 《유배지에서 보낸 정약용 편지》를 보면 정약용이 두 아들에게 가까이할 사람과 가까이해서는 안 될 사람에 대해 쓴 글이 있다.

"무릇 부모 형제간에 마땅히 지켜야 할 도리인 천륜에 야박한 사람은 가까이해서는 안 되고 믿어서도 안 된다. 비록 충성스럽고 인정 있고 부지런하고 열심히 온 정성을 다해 나를 섬겨주더라도 절대로 가까이해서는 안 된다. 왜냐하면 처음에는 아주 잘 대하다가도 나중에는 은혜를 배반하고 의리를 저버리고 매몰차게 돌아서기 때문이다. 이 세상에서 깊은 은혜와 두터운 의리는 부모형제보다 더한 것이 없는데 부모형제를 그처럼 가볍게 버리는 사람이 벗들에게 어떠하리라는 것은 쉽게 알 수 있는 이치와 같다. 너희는 이 점을 반드시 기억해 두도록 하라. 무릇 불효자는 가까이하지 말고 형제끼리 우애가 깊지 못한 사람도 가까이해서는 안 된다."

고루한 것 같지만 결국 인성이 된 사람을 친구로 삼으라는 말이다. 그렇다면 나는 다른 이에게 이런 친구인가.

나이 들수록 세상과 썸을 타라

"젊어서 좋은 게 있고 늙어서 좋은 게 있다."

어느 날, 평소 알고 지내던 여사님이 만나자기에 오랜만에 집 앞 카페에서 만났다. 그런데 보자마자 한 대 얻어맞은 듯 놀라고 말았다. 얼굴이 말이 아니었다. 듣자니 성형을 감행하셨던 거다.

'노(老)'는 늙는다는 뜻도 있고, 원숙해진다는 의미도 있다. 요즘, 노년 유예를 위해 과도하게 성형에 매달리는 사람이 많다. 처음 한두 번 한 사람들을 보면, 나름 생기도 있어 보이고 전보다 젊어 보여 좋아 보였다. 그러나 시술과 수술이 반복이 되면서 어느 순간, 자연스러움도 없어지고 뭔가 좀 보기 불편할 정도로 흉하게 변하는 것을 보게 된다.

악순환이다. 현대 의학의 기술을 빌려 몇 년 유예하는 것을 뭐라 말하고 싶지는 않다. 그러나 지나친 것이 항상 문제다. 성형을 거듭하는 것은 나이를 되돌려 보겠다는 욕심이다.

그러나 그것이 가능한 일인가? 어찌어찌 해도 나이를 거스를 수는 없다. 그리고 몇 년 젊어 보이는 게 그리 중요한 것도 아니다. 젊음에 집착하면 다른 중요한 것을 놓친다. 젊은 것도 좋고, 늙어 가는 것도 나름 괜찮다. 지금 현재 내가 있는 나의 때, 내 나이와 내 모습을 존중하는 마음이 필요하다. 지금의 내 모든 것을 우호적으로 볼 수 있는 마음 말이다. 기실, 있는 그대로 받아들이라는 말은 아무 노력도 하지 않고, 가꾸지도 않으며 그저 무방비 상태로 살라는 말이 결코 아니다.

자연의 절대 법칙을 이해하고 현대 의학의 힘도 빌려 나름 자신의 외향도 향상시키고 더불어 정신도 그에 맞게 성숙시킨다면 조화롭지 않을까. 세상만사 다 양면성이 있다. 젊어서 좋은 게 있고 늙어서 좋은 게 있다. 그때그때 좋은 점을 살려 살아가는 것이 있는 그대로 받아들이는 것이다. 그러니 세상이 요구하는 것들도 무시하지 말고 적절히 썸을 타며 살아라. 그래야 나이의 포로가 되지 않고 세상의 변화를 받아들이며 재미나게 살 수 있다.

행복 통장

"내 영혼의 행복을 채우고 불리는 삶을 살자."

누군가에게 행복을 주는 것은 어떤 것이든 의미가 있다. 나 자신에게도 행복을 주고, 또 타인에게도 행복을 주는 삶이라면 금상첨화. 그렇게 살려고 한다면 덕 있는 삶을 살아야 한다. 덕은 윤리를 넘어 인격적인 능력이 되어 있는 것을 말하며 베풀어 준 은혜나 도움을 말하기도 한다. 행복은 한계효용의 법칙이 적용된다. 그래서 무엇을 가져서, 무엇을 이뤄서 행복한 건 오래 못 간다. 한번 잘 생각해 보라. 대학에 합격하고 원하는 직장에 입사한 것이 얼마나 오래 행복감을 주던가. 그런데 타인과 세상에 베푼 행복감은 가슴에 오래 머물러 있게 된다. 남에게 자랑하고자 함이 아니라 남을 기쁘게 하고 행복하게 했다는 그 뿌듯함이 삶을 더 긍정적으로 살게 만든다.

그러니 무엇을 갖고, 무엇이 되어서 행복한 사람이 되는 것이 아니라 행복의 가치를 타인과 세상을 이롭게 하는데 두면 저절로 행복해진다. 물론 일상에서 행복을 발견하고 행복을 크게 키우는 사람들도 있다. 작고 소소한 삶의 의미를 주관적으로 잘 받아들이고 생활하는 사람들 말이다.

행복 통장을 만들자. 작고 미미한 것이라도 그렇게 하나하나 저축하다 보면 내 삶은 행복이 모여드는 현장이 된다. 그리고 그것이 필요할 때 언제나 꺼내 쓰면 된다. 그래도 행복 통장의 잔고는 절대 줄지 않는다. 그 행복을 꺼내 쓰면 쓸수록 그 가치는 더 커질 테니까. 그것은 복리 이자보다 더 큰 이자다. 돈만 불리는 삶이 아니라 내 영혼의 행복을 채우고 불리는 삶을 살자.

먼 훗날, 나에게 또 가족에게 이런 행복 가득한 통장을 보여 줄 수 있었으면 한다. 물론 보여 주지 않아도 상관없다. 혼자서

고즈넉하게 앉아 내 행복한 순간순간들을 들여다보는 기쁨도
그 무엇 못지않을 테니까.

창조적인 삶

"우리가 사는 삶의 현장에서 하늘나라를 구현할 수 있다."

"우리가 땀 흘려 일하는 노동의 한가운데, 우리가 있는 재주
를 다해서 창조적인 삶을 살고 있을 때, 바로 그 한가운데 하늘
나라가 임재하고 있다는 것을 가르친다."
《기독교 신앙과 신학의 반성》 중에 있는 말이다.
하루하루 땀 흘려 일하고, 최선을 다해 창조적으로 살아갈
때, 우리가 하늘나라에 있다는 말은 참으로 신선한 충격이다.
우리는 항상 하늘나라를 저 멀리 죽어서야 가는 그런 곳으로만
생각한다.
그러나 현재 우리가 사는 삶의 현장에서 하늘나라를 구현할
수 있다니. 하늘나라가 현실의 내 삶 한복판에서 실현될 수 있
고, 내가 그 하늘나라를 지금 살고 있다는 깨달음이 있다면 우
리는 이 세상을 축복 그 이상의 것으로 여길 것이다.
게다가 노동이 단순한 돈벌이가 아니라 하늘나라가 임재 하

는 현장을 만들 수 있다는 것도, 얼마나 이상적인가. 근원적으로 보면 우리가 하는 노동이나 일은 인간의 생명 활동이나 다름없다. 게다가 다른 많은 사람들과 유기적인 관계 속에서 만들어가는 세계 아닌가.

우리가 땀 흘려 일하고 유익한 가치를 창출하기 위해 헌신하는 것이 현실 한복판을 하늘나라로 만드는 것이라면 얼마나 의미 충만한 일인가.

적절한 때

"논에는 물을 채워야 할 때와 물을 뺄 때가 따로 있다."

벼의 결실 수확기에는 논에 물을 빼서 병충해가 들지 않도록 한다고 한다. 그래야 제대로 된 결실을 맺을 수 있단다. 사람들은 흔히 논에는 항상 물이 차 있어야 좋을 것이라는 편견을 가지고 있다. 그러나 물을 채워야 할 때와 물을 뺄 때가 따로 있는 법이다.

우리 역시 무언가를 할 때 온 힘을 다해야 할 때와 그 힘을 뺄 때를 가려야, 원하는 결과와 결실을 맺을 수 있다. 힘만 엄청들이고 그 결과와 결실이 없다면 어찌 보람을 느끼겠는가. 그러므로 지금이 내가 행동하기에 적절한 때인지 아닌지를 잠시 멈추어 판단하는 것이 필요하다.

적절한 때는 앞만 보는 것이 아니라, 옆도 보고 뒤도 보고 하늘도 올려다보는 여유가 있어야 안다. 그래야 지금이 정진할 때인가, 잠시 숨을 고를 때인가, 판단이 선다.

한때, 필자가 상당히 어려운 일에 직면한 적이 있었다. 그때 필자는 억지로 힘을 내어 일을 벌였다. 하지만 시작한 일의 어려움보다는 그전에 입은 상처로 번아웃증후군 증상에 시달렸다. 만성 피로와 의욕 상실, 우울감. 과도하게 나 자신을 몰아붙여 에너지 고갈 상태로 몰아간 결과였다.

그렇게 한 이면에는 이대로 무너지지 않겠다는 오기와 아이에게 약한 모습을 보이지 않겠다는 의지가 있었다. 하지만 시간이 지나고 생각해 보니, 그때는 휴식이 필요한 시기였다. 심신이 많이 지친 상태였고, 정신적으로도 큰 충격에서 빠져나오지 못한 상태였기 때문이다.

자신의 때에 대해 잘 생각하고 판단하는 것이 필요하다. 혼자서는 그것이 어렵다면, 진정한 친구나 혹은 주변 지인에게 물어보라. 그런 친구도 지인도 없다면, 스스로에게 조용히 물어보라. 지금 나의 때가 무엇을 요구하는지를.

노력이 성취로 이어지려면

"내 노력의 방향이
성취의 방향과 일치되어 있는가를 살펴라."

사실, 성공과 성취는 얼마만큼의 노력을 했느냐보다 일차적
으로 그 노력이 얼마나 원하는 결과에 맞게 행해졌는가에 달려
있다. 나 자신의 주관적인 노력이 아니라 대상이 요구하는 정
도의 노력을 기울였을 때 성공과 성취가 주어진다. 물론 세상
의 제도나 사회적 환경에 근본 모순이 있어 자신의 성취를 방해
하는 경우도 있다. 그러나 그 또한 불굴의 의지로 이를 개선시
키고 새로운 길을 만들어서라도 이루고 마는 사람들도 있기에
어쩌면 이 역시 해내고 말겠다는 굳은 의지에 달려 있는지도 모
른다. 어찌 됐든 뭔가를 성취하기 위해서는 우선 내 수준과 상
태를 정확하게 진단해야 한다. 나의 현재 수준이 동네 축구 수
준인가, 세계 무대에서 뛸 수 있는 수준인가를.
　그런 다음에 내 노력의 방향이 성취의 방향과 일치되어 있는
가를 살펴라. 그리고 내가 하는 매일의 노력이 그 양을 채우기
에 충분한가도. 또한 점점 노력의 질이 향상되어 가고 있는가
도 중요하다. 이런 질문에 대답할 수 있다면 당신은 무조건 성
공한다.

온리 원 VS 베스트 원

> "'온리 원'이 되기 위해서는
> 먼저 '베스트 원'이 되어야 한다."

한때 '베스트 원이 아닌 온리 원이 되자'라는 말이 회자되었던 적이 있다. 어쨌든 베스트 원도 온리 원도 모두 대단하다. 어떤 분야에서 베스트 원이 되는 것도, 온리 원이 되는 것도 쉽지 않은 까닭이다.

사실, '온리 원'처럼 나만이 할 수 있는 일을 찾는 것은 큰 축복이다. 나만이 해낼 수 있는 일. 나만의 개성이 깃든 일을 한다면 어디서든 자신의 미친 존재감은 드러낼 수 있을 것이다.

그러나 '온리 원'이 되기 위해서는 먼저 '베스트 원'이 되어야 한다. 무엇을 하든 최선을 다해 베스트가 되면 또 거기서 온리 원이 될 기회도 있고 다른 역량도 갖추어진다고 본다. 간혹 시작부터 남이 가지 않는 길을 선택해 가다 보니 우연찮게 '온리 원'이 되는 경우도 있지만, 극히 드문 케이스다. 대부분의 사람들은 자신의 일에서 최고가 된 후에 자신만의 길을 구축하는 경우가 많다.

완벽하게 이전에 없었던 것은 사실 없다. 그리고 완전히 다른 길도 없다. 이미 다른 사람들이 해낸 소산을 토대로 조금은 다른, 혹은 자기만의 시각으로 그것을 해석하고 적용해서 '온리 원'을 만들어가는 것이다.

지금 내가 하고 있는 일에서 나는 베스트인가.

혹시 베스트가 되었다면 온리 원이 되기 위해 자기만의 방법과 길을 모색하고 행동하고 있는가.

이도 저도 아니라면, 먼저 자신이 좋아하고 잘할 수 있는 일을 고르고, 어떻게 하면 그것을 더 잘할 수 있는지를 고민해 보라. 그러고 나서 물리적인 시간과 노력을 들여 최고가 되어 보라. 그렇게 한 분야에서 최고가 되었다면 그것을 바탕으로 자신만의 것을 창조하고 갈고 닦아라. 어느새 온리 원이 되어 있는 자신을 발견할 것이다.

자신감을 기르는 방법

"자신감은 나를 믿는 기세다."

자신감은 자신이 무엇인가를 해낼 수 있다는 기세다. 이것은 곧 자신을 믿는 힘이기도 하다. 우리가 우리 자신을 믿는다는 것은 인격적으로 자기 자신을 신뢰한다는 뜻이기도 하고, 자신이 무슨 일을 기필코 해내리라는 자기 확신을 의미하기도 한

다. 세상살이나 어떤 목표를 성취하는 데도 자신감은 중요한
요소 중 하나다.

그렇다면 자신감을 갖기 위해서는 어떻게 해야 할까.

1. 명상하라

명상 즉, 훈련된 정신과 뇌는 그렇지 않은 뇌와 물리적으로
다르다고 한다. 명상은 분주한 삶을 진정시키기 위해서도 필요
하지만 내면의 리듬을 찾고 자기 자신의 정신적 자양(慈養)을 기
르는 데도 유용하다. 명상이라 하면 마치 인도의 명상가들이나
좌선하는 승려들을 떠올리는데, 일반인인 우리는 우리만의 명
상을 하면 된다. 요즘은 대학의 평생교육원 내지는 사설기관에
서 명상 교육을 하는 곳도 많다.

기회가 닿아 이런 명상 기관에서 명상을 배우는 것도 좋겠지
만, 그렇지 않은 경우에는 일정한 시간에 혼자 있을 만한 공간
을 정해 조용히 앉아 생각의 흐름을 그대로 느끼거나 요샛말로
'멍 때리기'를 해도 괜찮다. 그렇게만 해도 내면의 분주함이 가
라앉음을 느끼게 된다. 그중에 생각이 떠오르면, 떠오르는 대
로 흘러가게 하는 것이 포인트다. 그저 있는 그대로.

이런 과정은 자신을 느끼게 하는 첫 단계다. 기실 자신을 느
껴야 자신감도 생긴다.

2. 인내하라

 자신이 원하는 모습으로 변모하기 위해서는 '빡쎈'이라고 표현될 만큼 고통의 과정을 인내해야 한다. 인내만큼 사람을 힘들게 하는 것도 없다. 자기의 기질적인 성질을 참고 상황에서 빚어지는 온갖 갈등과 힘든 시간을 참아내는 것은 보통 힘든 일이 아니다. 게다가 기존에 자신이 가진 것을 뛰어넘기 위해 학습하고 훈련하는 시간은 인내 그 이상이다.
 이 인내의 시간이 없다면, 우리의 성숙도 우리가 바라는 일의 결과도 없다. 우리는 자신이 원하는 모습을 위해 부단히 참고 인내하는 시간을 감내해야 한다. 다만, 인내해야 할 것과 인내해서는 안 될 것을 구분한 연후에.

3. 시간을 관리하라

 우리는 유한한 시간을 체감하고, 자기 나름대로 의미 있는 시간을 만들고 활용함으로써 스스로 자긍심을 높일 수 있다. 한정적인 시간을 통제하고 관리함으로써 더욱 효율적인 성취를 도모할 수도 있다. 그러나 무엇보다 시간을 어떻게 쓰고 있는가에 따라 미래의 내 모습이 결정된다.
 그런데 시간은 주어지는 것도 있지만, 내가 만들어 내는 시간도 있다는 사실을 잊지 말자. 죽은 시간이란 무엇인가. 그저 그렇게 무상으로 시간을 흘려보내는 것이다. 무의미하거나 도움이 되지 않는 무익한 일로 시간을 때우는 것이 바로, 죽은 시간이다. 그런 죽은 시간들을 되돌리고 짬짬이 시간을 내어 무언가 유익한 것으로 채우면 시간은 만들어지고 24시간을 36시간처럼 사용할 수도 있음을 잘 알 것이다.

그러니까 시간 관리는 시간을 살려내고 내게 생명의 시간을 연장하는 것과도 같다.

4. 거절이 나를 자유롭게 한다

우리는 상대의 요청을 거절하지 못해서, 또는 정 때문에 상대하기 싫은 사람과 마주앉고 내 귀한 시간을 그에게 준다. 그로인해 나는 에너지와 시간, 돈, 그리고 짜증까지 얻어 독박을 쓰고 돌아온다. 설상가상, 집에 돌아와서조차 지쳐서 정작 내가해야 할 일들을 하지 못한 상황에 놓이게 된다. 그래서 또 화가난다. 게다가 그 화를 애먼 사람에게 풀어 괜한 싸움을 자초하기도 한다. 그리고 그것을 또 자책한다.

얼마나 소모적인가. 사업상 혹은 중요한 일에 있어 싫지만 만나야 할 경우는 어쩔 수 없다고 해도 대부분 거미줄처럼 엮인관계에서 내 삶을 단출하게 만들어야 한다.

필자 역시, 이 부분에서 자유롭지 못했다. 연장자가 청할 경우에는 특히. 하지만 번번이 즐겁지 않은 일에 동원되는 일들은 나를 곤혹스럽고 하고 화나게 했다. 내 귀한 시간을 이런 식으로 날려 버리게 되다니. 나는 왜 이 자리에 있는가? 괜한 자괴감이 들고, 찜찜했다.

처음엔 거절이 힘들었다. 내가 거절해도 끝까지 청하는 사람도 있었다. 그래서 마지못해 수락하여 혹시나 했지만 역시나, 였다. 단호하게 거절해야 한다는 것을 배웠다.

그렇게 거절하고 나니 나의 일상이 단출해지고, 불필요한 바쁨에서 해방된 기분이었다. 또한 내 자신이 내 시간과 삶을 스스로 선택했다는 만족감이 커졌다. 거절을 제대로 해야 내 삶을 운용할 수 있다.

3부

내 그릇을 넓히는 묘수

나는 밥공기만 한 그릇인가.

아니면, 함지박만 한 그릇인가.

내 그릇 작다 한탄 말고 내 그릇을 넓히는 데 힘쓰자.

사실, 내 그릇을 넓히는 특효약은

고통과 고난을 잘 견뎌 내는 것이다.

어느 날,
인생의 크레바스에 빠졌다면

"향나무는 죽은 줄기가 살아 있는 줄기를 지탱해 준다."

크레바스는 빙하나 눈 골짜기에 형성된 갈라진 틈이다. 그 깊이가 최소 10미터 이상 최대 수백 미터에 이르기 때문에 크레바스에 한번 빠지면, 사망하거나 그 시신조차 찾지 못한다고 한다.

이렇게 무시무시한 크레바스. 인생에서도 뜻하지 않게 이런 크레바스를 만나게 되는 일이 누구나 한 번쯤은 있기 마련이다. 다만 그 깊이가 다른 정도라고나 할까.

작은 크레바스는 그래도 쉽게 올라올 수 있지만, 그 깊이가 어마어마해 도저히 기어 올라오기 힘든 경우도 있다. 쉬이 나올 수 없는 위험하고 비극적인 크레바스에 빠졌을 때, 우리는 어떻게 빠져나와야 할까?

극심한 어려움에 직면하게 되면, 기도조차 나오지 않을 정도로 탈진 상태가 된다. 아무 생각도 아무 의욕도 느끼지 못하는 상황 말이다. 이런 절망의 순간에 사람들은 목숨을 끊을 생각을 하게 된다. 아무리 여타의 살아야 할 이유가 있다고 해도 이미 마음의 문을 완벽히 잠가 버렸기에 모든 것이 죽을 이유로만

둔갑한다. 사실, 이때가 가장 위험한 때다.

우리 삶의 진정한 승리는 이 크레바스를 만났을 때, 우리가 어떤 선택을 하고, 그 위험 속에서 어떻게 벗어나느냐에 달렸다. 이것을 잘만 극복하면, 그 올라온 높이만큼 또 넓이만큼, 우리는 전혀 다른 사람이 된다.

— 크레바스를 만났을 때의 행동지침

① 처절하게 슬퍼하고 눈물을 흘려라. 단, 정해 놓은 기한만큼만.

② 다 울었다고 생각하면, 일단 도움을 요청할 수 있는 곳은 다 요청해라. 단, 기대는 하지 말고.

③ 모든 것이 차단되고, 오로지 자신만이 남았다고 생각한다면, 가지고 있는 좋은 옷을 입고 비싼 레스토랑으로 가서 맛있고 값진 음식을 시켜라. 그리고 그 음식을 먹고 차를 마실 때까지는 아무 생각도 하지 마라. 오로지 분위기와 음식에만 집중해라.

④ 그 레스토랑에서 차를 다 마시고 나면, 이전의 나는 깨끗이 잊어라.

⑤ 종이나 수첩에 가장 먼저 해야 할 일을 적어라. 괴롭더라도 그 한 가지를 먼저 해라. 큰 문제 즉, 자신이 금방 해결할 수 없는 문제는 한쪽에 써 놓고, 일단은 내가 할 수 있는 작은 일부터 하루에 하나씩 하라.

자신이 할 일이 하나도 없다고 생각한다면, 하다못해 화장실 청소라도 해라. 사실, 청소가 중요하다. 공간이 사람을 살린다는 말도 있듯, 정돈된 환경이 내 마음을 차분하게 가라앉히기 때문이다.

어쨌든, 하루에 하나씩 해 나가라. 그리고 저녁에 그날 한 것을 꼭 기록하고, 다음날 해야 할 일 하나를 또 적어라. 그리고 한 이주쯤 지났다면, 나한테 직면한 문제에 직결된 일을 찾아보라. 그리고 그 일에 연관된 일 하나를 한다.

하루에 끝날 일이 아니라면, 일주일에 그 일을 하나씩 처리한다는 식으로 계획을 세운다. 그리고 매일 저녁 시간은 즉, 오후 7시부터는 고민하지 않기로 정하고, 무조건 다른 걸 한다. 그래도 떠오르면, 붙잡지 않고 다른 일을 한다. 책을 읽거나 청소를 하거나 일기를 쓰거나 그런 때에도 수시로 떠오른다면, 떠오르는 대로 그리고 자연히 가게 내버려둬라.

생각은 어차피 한동안 머물다 다른 곳으로 가기 마련이다. 내가 붙잡지만 않는다면.

향나무는 죽은 줄기와 살아 있는 줄기가 엉켜 있는데 죽은 줄기가 살아 있는 줄기를 지탱해 준다고 한다. 우리도 우리에게 닥친 고난을 어떻게 바라보고 그것을 어떻게 받아들이느냐 따라 고통과 고난이 내 삶을 긍정적인 방향으로 떠받쳐줄 수 있다.

실패에 대한 새로운 정의 I

"똑똑한 실패를 해야 합니다.

가설을 세우고, 저비용으로 혁신 실험을 하세요.

실패하더라도 그 실험에서 배워야 합니다.

혁신은 그 배움으로부터 나옵니다.

그리고 그러한 혁신들로

일시적인 경쟁 우위를 계속 창출해 나갈 수 있습니다."

어디에선가 적어 놓은 글이다. 어쩌면 가장 현실적인 조언이라고 생각한다. 내가 한 일이 지금 실패했다면 먼저 해야 할 일이 있다. 내 사업이 얼마나 다른 사람의 필요에 부합했는가? 또 내가 하는 사업에 적합한 가설(목표)을 세우고 그 일에 맞는 물리적 투자를 했는가? 그리고 그 피드백을 통해 내가 처음 세운 가설과 맞는지, 비교해 보았는가?

몰론, 실패하려고 사업을 하려는 사람이 어디 있겠는가마는 아무 계획 없이 즉흥적인 기분에 또는 일의 본질보다는 겉으로 드러나는 외형에 환상을 가지고 시작하는 경우도 의외로 많다.

필자 또한 마찬가지였다. 한때, 커피숍을 열었었다. 여성들의 로망 중에 하나가 분위기 좋고, 커피 맛 좋은 커피숍을 여는 것이다. 필자 역시 환상만 가지고 있었다. 그래서 커피숍을 운영하기 위한 세부적인 분석을 하지 않았다. 어느 정도의 감, 또는 주변 분위기에 휩쓸려 창업을 했다. 지금도 내 주변 친구들은 커피숍 창업을 위해 커피를 배우며 오픈을 계획 중에 있다. 사람들은 그저 커피를 내리고, 커피를 서빙하며 부속 음식물을 판매하는 것이 뭐 그리 복잡할 게 있을까, 싶겠지만 그 외의 일들이 훨씬 더 많다.

사실, 어떤 원두를 사용하는가도 관건이다. 고급 원두와 저급 원두의 가격차는 상당히 크다. 그러다 보니 좋은 원두를 선택하는 문제는 수익과 직결되기 때문에 신중할 수밖에 없다. 그렇다고 수익만을 위해 저가 커피를 선택할 수도 없는 노릇이다.

아무리 분위기가 멋진 카페라고 해도 커피 맛이 없으면 다시 찾고 싶지 않기 때문이다.

커피가 국민 음료가 된 지금 전문가 못지않은 식견 있는 사람들이 많다.

커피 맛은 단지 원두 품질에 국한되지 않는다. 좋은 그라인더를 사용하는 이유는 원두를 갈 때 온도를 급격히 올리지 않아 원두 맛에 영향을 덜 주기 때문이다. 가격대가 천차만별인 커피 머신 역시 커피 맛을 좌우한다. 더불어 커피 원두 로스팅 기술 즉, 커피 종류에 맞는 알맞은 볶기까지. 이렇게 여러 가지 요소가 잘 조화되어야 좋은 커피 맛을 낼 수 있다.

커피 맛 하나 내는데도 이러한데 운영이라는 측면에서 보면 더 복잡하고 예상치 못한 문제들이 있지 않겠는가. 필자의 커피숍은 어땠냐구? 좋았다. 분위기가 나름 좋았고, 인테리어에 돈을 쓴 만큼 사람들은 동영상과 사진들을 숱하게 찍어 갔다.

뒤늦게 분석해 본 결과 필자는 인테리어에 지나치게 많은 돈을 지출한 것부터 시작해서 경영이라는 측면에서 많은 문제점이 있었다. 물론 잘 해보고 싶은 욕심도 있었고, 나름 미적 안목이 있다고 자부했던 터라 만용을 부렸다. 손님들은 행복해했지만.

실패에 대한 새로운 정의 II

"한 번의 실패와 영원한 실패를 혼동하지 말라."

– 스콧 피츠제럴드

우리는 살아가면서 얼마나 많은 실패들을 경험할까. 도전의 빈도수에 따라 실패의 횟수도 늘어난다. 그런데 살아가는 과정 속 어느 한 부분에서 우리의 도전이 실패했다고 해서 인생 전체가 실패한 것은 결코 아님을 상기할 필요가 있다. 하지만 우리 사회가 실패에 대해 허용하고 기회를 주지 않는 한, 단 한 번의 실패를 인생 전체의 실패로 생각하고 도전 정신을 잃게 만드는 것은 너무도 당연한 귀결이다.

실패에 대한 긍정과 재도전의 용기를 꺾지 않게 하는 것은 정치, 사회, 문화적인 관용과 이해가 전제되어야 한다. 그렇다고 모든 것이 성숙할 때까지 기다릴 수도 없다. 그래서 우리는 한 개인으로서의 실패에 대한 나름의 정립이 필요하다. 실패가 한 과정임을 인식하고 도전을 향한 의지를 스스로 꺾지 않아야 한다는 얘기다. 과정에서 겪는 실패는 완성을 향해 가는 가르침으로 여겨야 함에도 한 번의 실패를 영원한 실패로 받아들이게 하는 사회 환경이나 개인의 인식은 모두 안타까운 일이다.

무언가를 도전하면서 한 번도 실패하지 않은 사람이 있을까. 그동안의 무수히 많은 크고 작은 실패가 밑바탕 되었기에 오늘의 인류가, 오늘의 문화가, 지금의 우리가 존재하고 있는 게 아닌가. 실패를 두려워하지 않는 것이 아니라 두렵지만 그럼에도 불구하고 앞으로 나아가겠다는 의지가 다시 도전할 수 있는 용기를 준다. 그 용기로 오늘도 무언가 도전하고 시도하는 그 사람들이 결국엔 자기 인생의 황금 면류관을 쓰게 된다.

국제선 일등석을 타는 사람들의 특징

"좋은 습관이 성공을 부른다."

① 독서광(전기, 역사서)이다.

② 습관적으로 메모를 한다.

③ 의사 표시가 명료하다.

④ 배려와 소통을 잘한다.

위와 같은 특징은 그들이 왜 비행기 일등석을 탈 수 있는지를 단적으로 보여 준다. 사실, 필자의 생각으로는 독서에 있어서는 광범위한 것이 장기적으로는 더 큰 효용성이 있다고도 생각하지만, 어디까지나 관심사와 지향하는 바가 다르니 각자의 취향에 맡긴다.

메모는 사실 의식하지 않으면 하기가 쉽지 않다. 필자는 스마트폰에 필기할 수 있는 기능이 있어 수첩과 필기도구가 없는 경우에는 스마트폰을 사용하는 편이다.

그리고 의사 표시를 명료하게 하는 것은 시간과 에너지를 효율적으로 사용하기 위한 나와 타인에게 하는 동시적 배려라고 본다.

마지막 배려와 소통은 사회를 살아가면서 반드시 익혀야 할 매너 그 이상의 덕목이다. 사회적 관계나 가족 관계에 있어서도 배려와 소통 없이 기본 관계가 유지되던가. 그뿐인가. 서로의 이해와 사랑도 결국은 배려와 소통이라는 덕목이 있어야 가능함을 누구나 잘 알고 있을 것이다.

그림자 불안

"불안은 나의 문제의식을 촉구하는 알리미다."

보편적으로 세상사 불안의 요소는 어디에나 도사리고 있다. 자식 문제를 비롯하여 건강, 직업, 죽음, 예측 불허의 사건 사고, 기타 등등. 불안이 좋은 것은 아니나 그렇다고 나쁜 것만도 아니다. 불안의 정체를 알고 내 불안의 근원을 알면 불안은 삶의 지렛대가 되기도 한다.

불안이 문제가 아니라, 불안할 수밖에 없는 구조를 가지고 사는 인간의 문제다. 그래서 사람들은 불안으로부터 달아나기 위해 게임이나 술, 혹은 도박 등의 중독 형태를 가진 것에 쉽게 빠져들기도 한다. 어찌 됐든 불안하지 않다고 말하는 사람은 삶의 적나라한 현장에 있지 않거나 무감각한 상태일지도 모른다.

그래서 우리는 불안을 수용하고, 그 불안 속에서 어떻게 하면 건강한 삶을 살 것인가에 대한 진지한 자기와의 대화가 필요하다. 하나의 불안이 사라지면, 다른 불안이 대체되는 게 우리네 삶이기에 그림자처럼 우리는 불안과 함께 살아갈 수밖에 없다. 우리 존재 자체가 불완전하기에.

그렇다면 우리는 불안을 어떻게 대해야 하는 것일까.

매 순간 매번 새로운 불안이 찾아와도 그 불안이 이야기하고자 하는 내용을 듣고 불안이 내 삶 전부를 흔들지 않도록 다독이는 것이 필요하다.

그리고 불안을 달리 보자! 불안은 좋을 것 없는 존재 같아도 내가 안고 있는 본질적인 문제를 함축하고 있고, 나에게 문제의식을 촉구하는 '알리미'다. 불안의 문제를 풀면 보너스가 주어진다. 한 단계 성장할 수 있는 보너스가.

화와 분노

> "나는 화를 내야 할 일에 화를 내고
> 분노해야 할 일에 분노하는가."

요즘처럼 복잡다단한 세상에서 사실 평정심을 유지하기란 쉽지 않다. 화와 분노를 촉발시키는 일이 어디 한둘인가. 그러나 우리가 화를 내고 분노할 때 가장 큰 영향을 받는 것은 나 자신이다. 내 감정적 소모도 그렇거니와 그 문제를 반복해서 곱씹

느라 다른 일을 하지 못해 기회비용을 잃게 하고 심혈관에도 영향을 주어 건강에도 부정적인 영향을 준다.

화가 나고 분노가 나 있는 상태에서 자신이 해야 할 일을 그대로 하는 사람은 정신력이 정말로 강한 사람이다. 사실 화가 나는데도 무작정 화를 참고 분노하지 말라는 건 지나친 억제다. 다만, 여기서 중요한 것은 화를 내야 할 일에 화를 내고, 분노해야 할 일에 분노해야 한다는 점이다. 습관적으로 화를 발산하고 분노하고 있다면, 내면으로 눈을 돌려 생각해 봐야 한다. 자신이 이렇게 분노하고 화를 내는 본질적인 이유가 무엇인지.

우리 동네에 거의 매일 분노하는 할아버지 한 분이 계신다. 분노의 이유도 다양하다. 주차 문제, 상대방의 태도, 집 앞의 쓰레기에 이르기까지 이유도 가지가지다. 창밖에서 흥분한 그분의 목소리가 들려오면, 또 시작이구나, 하는 생각이 먼저 든다. 물론, 화가 나는 일이 있었을 것이다. 그러나 일이 작든 크든 관계없이 모든 것에 대한 반응 자체가 분노 표출로 정착된 것은 아닌가, 싶기도 하다.

분노로 고착된 표현 양식은 계속해서 트러블을 일으키고, 건강에도 악영향을 끼칠 것이다. 심리학자들은 화를 자주 내는 것은 내면에서 해결되지 않은 문제에서 비롯된 것이라고 얘기하고 있다.

미국 대통령 트럼프는 화가 나면 더 열심히 일하고 목표에 더 집중해서 문제를 해결한다고 한다. 특이한 경우일 수 있다. 화가 나는데 더 열심히 일하게 되고, 목표에 더 집중한다는 건 대단한 정신력을 가진 사람임에 틀림없다.

화와 분노 다스리기에 대한 책들을 읽어 보면, 왜 화가 났는지, 왜 분노하는지에 대한 자기 대면을 하고 그 화의 본질을 찾아보라는 얘기가 중심적이다. 그리고 그 화를 자극했던 내 심리가 뭔지를 살펴보라 충고한다. 그렇게 하다 보면 내가 그 화의 크기에 맞지 않게 화를 냈었고, 내면에 다른 문제를 안고 있었다는 것을 알게 된다는 것이다.

물론, 화가 나면 화를 나게 한 상대와 언쟁을 벌일 수도 있다. 그러나 그 화에 맞는 크기만큼 화를 내거나 화를 내야 할 일에 화를 내고 있는지는 생각해 볼 일이다. 화를 성찰하는 것은 나를 이해하는 과정 중 하나이고 알맞게 감정 처리를 하여 내 삶을 보다 조화롭게 만드는 일이다.

무위한 삶을 지향해야 하는 이유

"도덕경에서 말하는 무위의 진정한 뜻은 의식적이고
이기적이며 부자연스러운 일을 하지 않는 것을 말한다."

'무위'라고 하면, 흔히 무엇을 욕망하지 않고 그저 주어진 대로 살아가는 것이라고 생각하는 경향이 있다. 그러나 노자의 《도덕경》에서 말하는 '무위'의 진정한 뜻은 '의식적이고 이기적이며 부자연스러운 일, 일테면 과장, 지나침, 허세 등을 부리지 않는 것을 의미하며 위선적인 일체의 행동을 하지 않는 것이다.

이 글을 처음 접하고, 필자가 무위한 삶에 대해 일반적인 편견을 가지고 있었음을 깨달았다. 그리고 무위한 삶이 추상적인 것이 아니라 매우 현실적인 것임에 무엇보다 신선한 충격을 받았다.

그렇다면, 부자연스러움은 무엇이 문제일까? 부자연스러움은 자신의 본 모습을 가장하기 때문에 생긴다. 겉과 속이 다른 행동을 하다 보면, 그 괴리 때문에 당연히 부자연스러울 수밖에 없다.

기실, 과장이나 허위, 그리고 위선은 자신의 결핍이나 열등감 혹은 이익을 얻기 위해 본래보다 크게, 혹은 작게 속임수를 쓰는 것이다.

자연스럽게 산다는 것, 생각보다 매우 현실적이다.

변화는 곧 생존이다

"나는 변화에 잘 반응하는 종인가."

《종의 기원》에서 찰스 다윈은 "자연에서 살아남은 것은 가장 강한 종이 아니고, 가장 영리한 종도 아니다. 단지 변화에 가장 잘 반응한 종이다. 변화는 즉, 생존이다."라고 했다.

당신은 변화에 잘 반응하며 살고 있는가? 변화! 흔하게 쓰지만 적용은 참으로 어려운 말이다. 누구나 생존을 위해, 발전을 위해 변화하고 싶어 한다. 사실 세상은 하루가 다르게 변화하고 있다. 현재, 무인 점포나 무인 결제에 쓰이는 무인 시스템도 그 영역이 점점 넓어지고 있다.

AI 인공 지능과 챗봇은 또 어떤가. 인간 사회의 패러다임을 송두리째 바꿀 중대 사안이다. 순차적 진화가 아닌 세대를 뛰어넘는 기술 환경은 새로운 기술 문맹, 문화 문맹을 만들어 내고 있다. 사실, 나이 많은 어르신들뿐 아니라 중장년층도 요즘 나오는 신기술에 대해 무지한 경우가 허다하다. 너무나 다른 차원이기에 이해는 물론 따라가기도 쉽지 않다. 그러니 앞으로의 세상이 얼마나 더 다른 차원으로 변화할지 예측하기 어렵다. 우리는 이런 세상에 살아가고 있다. 같은 세대 속 다른 차원으로 말이다.

요즘 몇 십 년 동안 사업으로 일군 사업장이 변화의 생태계에서 밀려나 문을 닫는 경우를 종종 목도한다. 이제 그 변화의 바람을 타지 못하면 삶의 질이 문제가 아니라, 생존의 문제로 내몰리는 실정이다.

변화하는 삶은 사실 살아 있는 삶이다. 세상 모든 만물이 변화하는 현장에서 만물의 영장이라는 인간이 변화하지 않는다면, 이 또한 모순이 아닐 수 없다. 생존에 필요한 변화는 새로운 기술 습득이나, 환경 변화에 대한 이해가 먼저다. 그러기 위해서는 체면 따위 일찌감치 벗어던지고 새까맣게 어린 친구들에게 물어야 한다. 우리는 그들에게 주린이고 세상 기술을 배우는 어린이다. 존중과 새로운 눈으로 기꺼이 어린이가 되어보자.

포기하고 싶을 때

"절대로 포기하지 마라. 절대로 포기하지 마라.
절대로, 절대로, 절대로."

이 말은 윈스턴 처칠이 대학 졸업 축사에서 했던 말이다. 이 말을 하게 된 동기가 있다. 윈스턴 처칠이 상원의원 출마에 떨어져 크게 낙심하던 때가 있었다. 우울한 나날을 보내던 어느 날, 그는 우연히 창문을 통해 길 건너에서 벽돌공이 벽돌 쌓는 광경을 보게 된다.

그것을 가만히 지켜보니, 벽돌공은 벽돌을 한 장씩 올려놓고 시멘트를 바르는 같은 동작을 수없이 반복하는 것이었다. 그렇게 얼마 동안 시간이 지나자 결국 담장이 완성되었던 것. 처칠은 인생은 이렇듯 벽돌을 하나씩 쌓아가는 것이란 깨달음을 얻게 되었고, 이 일을 계기로 마음을 다시 추슬렀다. 이후 새로운 마음으로 도전하여 끝내 총리의 자리에 오르게 되었다.

그렇다. 우리네 삶이란 한방에 뭔가가 터지는 경우도 있지만, 대다수의 사람들은 하루하루 매시간 작은 시간과 노력을 쌓아 인생의 뭔가를 만들어 낸다. 물론 세상에는 기적과 같은 일이 벌어지기도 한다. 로또 당첨 같은 일이나 이십대의 나이에 크게 성공하는 경우와 같은. 하지만 대다수에게는 해당되지 않는 일이다. 또, 시간을 앞당겨 일찍 무엇을 성취했다고 해서 그것이 계속 유지되는 것도 아니다.

지금은 힘들어도 최선을 다해 좌절하지 않고, 그 꿈을 향해 가는 용기와 끈기가 필요하다. 나이가 지긋한 분들에게 지금까지 살아오면서 가장 후회스런 일이 있느냐고 여쭤 보면 꼭 해보고 싶었던 것을 포기한 것이라고 말씀하신다. 그래서 말해 주고 싶다. 세월이 흘러 어떤 일을 했을 때보다 안 했을 때 후회가 훨씬 많다는 것을.

그러니까 앞을 가로막는 장애나 예기치 않은 문제가 당신의 꿈을 포기하라고 종용할 때마다 절대 포기하지 않겠다는 각오로 포기에 하이킥을 날리자.

카산드라

"카산드라는 비록 사람들이 믿지 않아도
자신이 해야 할 예언을 하는 사람을 상징한다."

'카산드라'는 그리스 신화에 나오는 트로이의 공주다. 그런 그녀를 예언의 신인 아폴론이 사랑했다. 아폴론은 카산드라에게 자신의 사랑을 받아 주면 예언의 능력을 주겠다고 제안한다. 그러나 카산드라는 예언의 능력은 수락하고 아폴론의 사랑은 거절해 버린다.

이에 아폴론은 아무도 그녀의 예언을 믿지 못하도록 만든다. 카산드라는 목마가 트로이로 들어오면 트로이가 망하고 결국 자기 자신도 죽게 된다고 예언하지만, 아무도 그 말을 믿지 않는다. 결국 카산드라의 예언처럼 트로이는 그리스에 패하고, 카산드라는 전리품이 되어 그리스 장군에게 피살당한다.

예언이란 것이 무엇인가. 인간에게 닥칠 일들을 미리 알려주고 대응하게 하는 기능이 있지 않은가. 그런데 아무도 믿지 않는 예언이라니……. 카산드라는 비록 사람들이 믿지 않아도 자신이 해야 할 예언을 하는 사람을 상징한다.

프랑스의 철학자 앙드레 글뤽스만은 지성인을 카산드라에 비유했다. 즉, 지성인은 도성 밖에서 무슨 일이 일어나고 있는지를 우리에게 말해 주는 존재라는 것이다. 어쩌면 지성인 또는 선구자라면, 우리 세대가 안고 있는 문제로 인해 앞으로 닥칠 위험 혹은 세상을 덮칠 큰 비극을 꿰뚫어 보고 그 위험과 비극에서 사람들을 구하는 일을 해야 하는 것이리라.

정말 지성인이라면, 진정 카산드라가 되어야 하지 않을까.

세상에서 가장 어리석은 자

"영원히 지속되는 고통이란 없다."

고전에 이르기를 가장 어리석은 자가 두 사람이 있는데, 하나는 자신을 해치는 자요, 그다음은 자신을 버리는 자라고 했다.

살다 보면 벅차도록 힘겨운 일을 만날 때가 있다. 필자가 절체절명(絶體絶命)의 상태에 놓여 있을 때 접한 글귀가 바로 이 글이다. 우리가 평소 잘 알고 있는 명언도 급박한 상황에 놓이게 되면, 상황에 압도되어 기억나지 않는다. 그럴 때, 이 글은 다시금 마음을 잡고 앞을 향해 나아갈 수 있도록 해 주었다. 적어도 이 세상에서 종교적인 이유를 떠나 가장 어리석은 자로 남고 싶지는 않았다.

위기의 시기에 여러 부류의 인간을 보았다. 내가 처한 상황을 이용해 자신의 이익을 취한 사람. 나의 닥친 상황을 보며 자신의 평안에 안도하고 그것을 과시했던 사람. 되돌아보니 그것 또한 인간의 속성인가도 싶다. 내 일만 아니면 만사 상관없는 사람들. 그때 내 앞에 닥친 일보다 그런 사람들 때문에 두 번 세 번 거듭 상처를 받았다.

세상의 단면을 보았다. 내가 평안하고 그런대로 잘 나갈 때는 보여 주지 않던 그들의 민낯을 적나라하게 보았다. 그랬기에 사람에게 의지하지 않고 오로지 성경과 기도, 그리고 독서에서 길을 찾았다.

당시 흐르는 강물을 보면서, 언제쯤이면 고통 없이 이 강물을 바라볼 수 있을까를 생각하곤 했었다. 그렇게 세월이 지나고 고통도 흘러갔다. 우리 앞에 영원한 것은 신과 절대 진리뿐. 시작이 있으면 끝도 있는 법이다. 세상에 영원히 지속되는 고통이란 없다.

독창성을 기르는 방법

"더 많이 고민하고, 더 많이 시도하고,
더 많이 실행하자."

"독창적인 사람이 아니라서 아이디어가 식상한 것이 아니라, 더 자주 고민하고 더 많이 도전하지 않아서 독창성이 없는 것이다. 최고의 독창성은 결국 그것이 뛰어나든 허황하든 간에 많은 아이디어와 생각을 쏟아 내는 가운데 완성된다."

와튼스쿨 조직심리학 교수인 애덤 그랜트는 독창성을 기르는 방법에 대해 이와 같이 말했다.

독창적인 사람은 태어나는 것이 아니라, 만들어진다고 주장한다. 그의 말대로 다른 사람보다 더 자주 고민하고 더 많이 도전한 사람이 독창성을 발휘한다고 볼 때, 독창성도 공부처럼 왕도가 없는 셈이다.

글을 쓰는 작가들도 "어떻게 해야 글을 잘 쓰는가?"라는 질문에, "엉덩이로 쓴다."고 했다. 한 자리에 묵묵히 앉아 일정 시간 동안 무작정 써 낸다는 것이다.

그렇다면 분명하다. 우리가 원하는 것이 독창성이든, 성공이든 결국은 목표에 대해 더 많이 생각하고 더 많이 실험하고 더 많이 해 봐야 한다는 것이다. 갑자기 떠오른 아이디어도 그동안 수없이 생각하고 찾는 과정에서 얻어진 것이다. 그저 불현 듯 얻어진 것이 아니다. 우리가 하고자 하고, 얻고자 하는 것이 있다면 묵묵히 목표를 향한 걸음을 멈추지 않아야 한다. 그것 에 초점을 맞춘 생각과 행동을 하다 보면, 좀 더 나아지고 발전 된다. 그리고 어느 순간 도달하게 된다.

독창성을 기르고 싶은가? 그렇다면 남보다 더 많이 고민하고, 더 많이 시도하고, 더 많이 실행하자.

생각의 유통기한

"생각에도 유통기한이 있음을 기억하자."

우리는 세상에서 금기시된 생각이 불쑥 떠올랐을 때, 당혹감 을 넘어 두려움에 압도된다. 이때 중요한 것은 두려운 상황을 피하려고 부정적인 생각에 빠진다는 점이다.

가끔 자신이 생각하는 부정적인 생각 때문에 괴롭다고 토로 하는 사람들을 만난다. 듣다 보면, 끔찍하기도 하고 이상하기 도 했다. 물론 강박적일 정도로 계속된다면 치료를 받아야 한 다. 하지만 갑자기 침투한 생각에 공포를 느끼거나 자신이 이 상한 사람이라고, 혹은 나쁜 사람이라고 여기는 것은 지나친 생각이다.

혜민 스님께서도 말씀하지 않으셨던가. "내 머릿속에서 떠올랐다고 그 생각이 다 진실은 아니에요. 원래 내 생각도 아니었는데, 그 사실을 잊고 지배당하지 마세요."라고.

그렇다. 내 머릿속에 어떤 생각이 떠올랐다고 그것이 마치 나 자신의 전부라고 여기면 그 생각에 지배를 받는다. 생각은 한순간에 그저 사라지기도 하고, 한동안 머물다 지나가기도 한다.

혜민 스님께서 또 말씀하셨다.

"마음에 고민이 많아 우울하고 힘들 때, 머리를 들고 앞에 있는 사물을 아주 자세히 관찰해 보세요. 사물을 보는 순간 생각의 진행이 멈추면서 조금 전 마음의 고민이 그냥 생각 덩어리였구나, 하는 깨달음이 옵니다."

혼란하게 하는 생각에 집중하지 말고, 지금 현재 하는 일에 집중하다 보면 알게 된다. 모든 것이 순간이고, 그 순간 역시 지나간다는 사실을.

생각 때문에 힘들고 어려운 사람이 있다면, 말해 주고 싶다. 모든 것에 유통기한이 있듯 생각에도 유통기한이 있다고. 이상한 생각이든, 고통스러운 생각이든, 슬픈 생각이든.

살아 있는 신념

"신념도 함께 성장하고 확장해 나가야
죽은 신념이 아닌 살아 있는 신념으로 작동한다."

신념은 어떤 사상이나 생각을 굳게 믿고 그대로 살아가거나,
그것을 실현하려고 하는 것이다. 신념이 성취와 성공에 있어
없어서는 안 될 중요한 가치임에는 두말할 나위 없다.

그러나 필자는 말하고 싶다. 가치관과 신념도 시간이 흐를수
록 변하고 확장되지 않으면, 일면 '꼴통'이 된다고.

가치관과 신념은 분명 살아가는 데 있어, 우리에게 뭔가 할
수 있는 힘을 준다. 하지만 그 자체에 고정되거나 변화하지 않
으면 이분법적 사고로 사물과 세상을 재단한다.

그래서 신념은 우리를 성공시키기도 하지만 무너지게도 만
든다.

신념도 환기가 필요하다. 다시 말해 신념의 내용도 시간의 흐
름에 따라 나와 함께 성장하고 확장해 나가야 죽은 신념이 아닌
살아 있는 신념으로 작동한다. 처음 자신이 설정한 신념이 여
전히 살아 있는 지표로서 현재의 삶에 긍정적이고 가치를 주는
가. 이것을 삶의 일정 구간마다 확인해 보아야 한다. 신념이 굳
어지면 편견과 독단을 낳고 고집불통이 되기 쉽다.

4부

재발견하는 나

어제의 나와 오늘의 나

그리고 내일의 나는 같은 사람일까 다른 사람일까.

같을 수도 있고 다를 수도 있다.

오늘 내가 나에 대한 시각이 달라지고

삶의 방향성이 확고해지거나 달라진다면

나는 전혀 다른 사람이 된다.

어제와 다른 내가 되고 싶다

"변하겠다는 결심과 더불어 변화로 이끌 수 있는
실행 훈련을 하면 분명 변한다."

상담을 하다 보면 만족스럽지 않은 현재의 모습에서 탈피해서 전혀 다른 사람이 되고 싶다는 말을 종종 듣곤 한다. 자신이 생각해도 자신이 한심하다고 느껴질 때나 고단한 현실을 벗어나고 싶을 때 그런 생각이 드는 건 젊은 사람이나 나이 든 사람이나 마찬가지다. 그런데 사람들은 흔히 말한다. 사람은 절대 안 변한다고, 사람 고쳐 쓰는 거 아니라고.

하지만 필자는 믿는다. 사람은 사람이니까 변할 수 있다고. 변하겠다는 결심과 더불어 변화로 이끌 수 있는 실행 훈련을 하면 분명 변한다고 생각한다. 기실, 조금 전까지의 나는 내가 아닐 수 있다. 좀 전 지나가 버린 과거 속의 나는 이미 존재하지 않는다. 내가 그동안 가진 마음을 온전히 바꿀 수만 있다면 얼마든지 변할 수 있다. 수도자처럼 돈오(頓悟)하여 일시에 전혀 다른 사람으로 변모하는 경우도 있으나 범인인 우리들로서는 점수(漸修)처럼 어느 기간 동안 깨우침의 층위를 넓혀 행동의 임계점에 다다르면 분명 변한다.

자기효능감을 높이자

"자기 효능감이 높은 사람은
어떤 문제를 만나도 주눅 들지 않는다."

"자기효능감은 직업 선택이나 과제 선택과도 밀접한 관련이
있으며, 학습과 그 성취에 있어서도 자기효능감이 높을수록 성
공 가능성이 높다."

자기효능감은 우리가 어떤 문제를 만났을 때, 적절한 해결책
을 선택하고 행동할 수 있다는 것에 대한 신념이다. 자기효능
감이 높은 사람일수록 어떤 어려움에 놓이더라도 쉽게 좌절하
지 않고, 더 많은 노력을 기울여 끝내는 성취하고 만다.

자기효능감은 어디에서 비롯되는 것일까? 그것은 자기 자신
에 대한 믿음과 자신감에서 나온다. 자신을 믿어야 어떤 문제
앞에서도 주눅이 들지 않고 해결하려고 나서기 때문이다. 또
자신감이 있어야 직면된 문제에서 도망치지 않고 그것에 기꺼
이 맞서게 된다.

자기효능감을 높이는 자기 자신에 대한 믿음과 자신감은 또
어디서 나오는 걸까.

사실, 자기 자신에 대한 믿음은 여러 가지가 복합되어 있다.
자신을 도덕적이고 윤리적인 면에서 괜찮은 사람이라고 여기

는 것, 또 나의 실력과 능력이 어느 정도 인정할 만하다고 믿는 것, 그리고 내가 무엇인가를 해낼 수 있다고 믿는 것 등이다. 여기에 어쩌면 좀 근거가 없는 것 같아도 내게 잠재된 어떤 발전 가능성을 믿는 것도 있다. 사람은 자신이 믿는 대로 살게 되어 있다. 그래서 내가 나를 좋아하느냐가 중요하다. 그래야 나를 믿고 싶어지고 그 믿음을 위해 노력하게 되기 때문이다. 당신은 당신 자신을 좋아하는가.

그리고 자신감은 그동안 일상에서 크고 작은 성취를 해왔는가가 큰 영향을 준다. 작은 성공들이 모여 자신감을 키우고 이것이 커지면 보다 큰일에 도전하는 것을 두려워하지 않게 된다. 사실 자신감과 믿음은 서로 상호작용한다. 믿음이 커지면 자신감도 커지고 자신감이 생기면 자신이 믿는 일들을 하게 되어 자기효능감은 더욱 커진다.

할까, 말까 망설이고 있을 때

"시도를 통해 우리는 배우고 성장하며
훨씬 많은 기회를 얻을 수 있다."

우리가 무엇을 시작할 때, 그 불확실함이 크면 클수록 '할까,

말까'하는 망설임의 시간이 길어진다. 이럴 때 필자는 하는 쪽으로 선택하라고 조언한다. 왜냐하면, 해서 후회한 것보다는 안 해서 후회한 것이 훨씬 많았고, 안 하는 것보다 하다 보면 많은 것을 배우고 없던 길도 생겼기 때문이다.

사실, 무엇을 시작할 때, 할 이유보다 하지 말아야 할 이유가 더 많은 것이 현실이다. 이 일을 시작하는 것이 지금 내 현실과 맞는가? 상황을 따지고 돈을 따지다 보면 부정적인 것만 보인다. 그래서 이것은 이래서 안 되고, 저것은 저래서 안 된다는 결론에 도달한다. 하지 말아야 할 이유가 더 확실히 보이기 때문이다. 망설임이 길어지면 실행할 의욕마저 사라져 포기하게 된다.

주변에 아는 분이 한 분 있는데, 그분은 지금 십 년째 무엇을 할까, 고민만 하고 계신다. 십 년 전에 말한 것 중의 하나만이라도 실행했더라면, 지금쯤 아마 그것을 토대로 경험도 많이 하고, 경력도 쌓였을 것이다.

어떤 일을 시도하지 못하는 원인에는 여러 가지가 있다. 실패에 대한 두려움, 게으름, 자기 합리화, 건강 염려, 현실적 제약, 나이 등등. 이렇게 하지 못할 이유가 무궁무진하다. 하지만 하지 말아야 할 이유에 집중하지 않고 해야 할 이유에 집중하면 할 기회가 생긴다.

'작동흥분이론(Work Excitement Theory)'이라는 것이 있다. 이 이

론은 뭔가 실행을 하다 보면, 그것이 계기가 되어 계속하게 된다는 것이다. 뇌는 몸이 움직이기 시작하면, 멈추는 경우에도 에너지가 들기 때문에 하던 일을 계속하는 것이 더 효율적이라고 판단한다는 것이다. 그래서 싫은 일도 하다 보면 뇌가 자극을 받게 되어 그 일을 계속하게 된다고 한다. 실행의 가장 중요한 것은 일단 해 보는 것이다.

부담스럽다면 일단 아주 작은 일부터 시작해 보라. 필자는 한때 움직이는 것조차 버겁던 무기력한 시기가 있었다. 아무것도 하고 싶지 않던 어느 날, 도저히 안 되겠다 싶어 아침에 일어나 무조건 버스를 타고 강남역으로 향했다. 그리고 학원에 등록했다. 힘이 들어 어지럽기도 하고 졸기도 많이 했지만 그렇게 한 달을 꼬박 다니다 보니 조금씩 졸던 것도 줄고 힘도 덜 들었고 뭔가 다른 의욕도 생겨나기 시작했다.

꼭 해보고 싶은 일이 있는가. 혹시 글을 쓰고 싶은가. 그렇다면, 지금 당장 컴퓨터를 켜라. 그리고 그냥 자판을 두드려 뭐라도 써 보라. 생각이 안 나거든, 노랫말이라도 써 보든지 아니면, 내가 좋아하는 시를 옮겨 보기라도 해 보라. 그렇게 하다 보면 자연히 쓰게 된다.

실행함으로써 우리가 얻게 되는 것이 참으로 많다. 짧은 인생이다. 하지 못해 아쉬움이 남는 인생이 아니라 도전 속에서 배우고 경험하며 후회 없는 인생을 살아 보자.

늘 풍요로운 인생

"나 스스로 풍요로운 사람이 되자."

니체는 말했다. "나를 풍요롭게 해 줄 대상을 찾지 말고, 나 스스로가 풍요로운 사람이 되려고 항상 노력해야 한다. 이것이 바로 자기의 능력을 높이는 최선의 방법이자 풍요로운 인생을 만드는 지름길이다."

우리는 나 자신을 풍요롭게 만들어 줄 대상을 먼저 생각한다. 하지만 나를 풍요롭게 만들어준 돈과 시간, 그리고 사람이 일순 사라진다면 어떻게 될까?

풍요로움을 느끼는 것이 내게 있는 것이 아닌 어떤 대상에 의존해 있다면, 그 대상이 없어지는 즉시 불행의 나락으로 떨어져 버리고 말 것이다. 대상에 의해 나의 풍요가 저당 잡혀 살았으니 대상이 사라지면 나의 풍요가 박탈당하는 것은 당연지사.

니체의 말처럼, 우리는 각자가 풍요로운 사람이 되어야 한다. 풍요로운 사람이 되려면 어떻게 해야 할까? 그것은 다름 아닌 내적, 외적 능력을 배양하는 것이다. 외적으로는 세상에 나아가 살아갈 현실적인 정신 자세 그리고 돈을 벌 수 있는 기술력을 갖추는 것을 말한다. 내적으로는 긍정적 가치관과 적합한 태도를 갖추는 것이다. 그렇게 무장하고 준비되어 있으면 어떤 대상에 의존하지 않게 된다. 나 자신이 먼저 좋은 사람이 되고 자 하고 나 자신이 풍요로운 사람이 되겠다는 의지를 가지고 현 실적인 실력을 갖추다 보면 조건 따위에 휘둘리지 않게 된다. 당당히 스스로가 풍요의 원천이 되기에.

생각과 마음이 자주 가는 곳에 길이 난다

"반복적인 생각이 나를 만든다."

내 생각과 마음이 향한 곳이 바로 내 인생이고 운명이다. 어 차피 내 생각이 자꾸 머무는 곳에 내 의지가 있는 것이고 싫든 좋든 생각의 길이 나면 그 생각대로 행동하게 된다. 그래서 내 생각을 관찰해야 하고 내 마음의 소리에 귀를 기울여야 한다.

나는 매일 무슨 생각을 많이 하는가. 물론 하루에 수만 가지 생각이 오고 간다. 과거와 현재, 미래에 대한 것들. 잡다한 일 상과 관련된 것들. 가십과 온갖 것들이 들어왔다 나간다. 그 생 각 속에 더 뚜렷하게 더 많이 빈번하게 하는 생각들을 관찰할 필요가 있다.

어떤 생각이 자주 반복되면 그 생각은 언젠가 행동으로 나타 나게 되어 있다. 물론 긍정적인 것이라면 무슨 문제가 있겠는

가. 하지만 그것이 부정적이거나 발전적이지 못한 생각이라면 일단, 그것이 사라질 때까지 그 생각을 붙잡지 말아야 한다. 또한 내 마음을 흔들며 동요하게 하는 뭔가가 자꾸 마음에 남는다면 역시 마음의 소리를 가만히 들어 보아야 한다.

마음이 하는 소리는 내 내면의 깊은 알림이기 때문이다. 마음이 반복해서 하는 소리는 내 안에 문제가 있음을 알려 주기도 하고 내가 어떤 상태인지를 알려주는 나침판이기도 하다.

같은 생각, 같은 느낌을 자주 갖게 되면 내 마음은 그곳으로 기울고 길이나 이전보다 더 자주 더 빨리 그곳으로 가게 된다. 그렇게 그것이 반복되면 우리는 그 생각과 마음이 만들어 낸 그런 사람이 된다. 그러므로 우리는 우리 생각과 마음의 상태를 스스로 잘 관찰하고 돌봐야 한다. 부정적인 길이 나지 않도록.

나에게 산다는 의미는

"산다는 것은 그 자체로 축제다."

— 니체

산다는 것이 축제라고 느낄 정도면, 삶 이면의 고통마저 삶의 일부로 긍정할 수 있을 것 같다. 우리는 사소한 일상의 소중함도 그것을 잃거나 박탈당했을 때에야 깨닫는다. 단조롭다고 느끼던 일상도 그 일상을 깨는 사건이 생기면 지루하기조차 했던 일상이 얼마나 감사한지를 알게 된다. 필자 역시 일상에 큰 일이 발생하지 않았을 때는 일상의 소중함도 의미도 크게 느끼지 못하고 살았었다. 하지만 삶에 위기가 닥쳤을 때 비로소 알게 되었다. 일상의 평이함이 얼마나 소중한지를 말이다. 대개가 그런 경험이 있을 것이다.

산다는 게 축제라고? 현재의 삶이 큰 위기에 놓여있는 사람이라면 산다는 게 지옥이라고 말할 사람도 있다. 또 그저 매일 살아가는 것 자체를 죽지 못해 산다는 최악의 상황에 놓여 있는 사람이라면 더더욱 공감하지 못할지도 모른다. 물론 긍정적인 감정과 소회를 가지고 살기란 쉽지 않다. 삶이 주는 압박과 무게가 만만치 않기에 일상의 감사함도 잊기 십상인 게 현실이니까.

하지만 사는 것 자체의 의미를 제대로 이해하고 싶다면 우리가 다 원하는 사랑, 행복, 평화, 이해 이런 것의 뒷면인 미움, 배신, 슬픔, 고통 이런 것도 삶으로 긍정할 수 있어야 한다. 그래야 사는 것 자체를 의미 있게 받아들일 수 있다. 그래야 사는 것이 축제라고 말 할 수 있을 것이다.

현재 사는 게 축복이라고 여길 수 없을 만큼 힘든 삶을 사는 사람이라면 말해 주고 싶다. 〈살다 보면〉이라는 노래의 가사

'그저 살다 보면 살아진다.'라는 노랫말처럼 내 앞에 놓인 삶을 견디며 하루하루 내 삶을 포기하지 않는 자세로 살다 보면 살아진다고. 그리고 모든 시작이 끝이 있는 것처럼 언젠가는 힘들고 어려운 일도 다 지나간다고 말이다.

사는 것을 축하할 수 있는 행사처럼 받아들이고 세상을 산다면 분명 많은 긍정적인 일들이 뒤따를 것이다. 감사는 기본이고 매일 내가 만나는 사람이 귀하고 내가 하는 일이 소중하게 느껴질 테니까 말이다. 그렇게 하면 내가 사는 바로 이 현장을 축제의 장으로 만드는 것과 다름없다.

미래로의 이끌림

"찬란한 미래를 꿈꾸는 자는
미래를 현실로 끌어와 생활하는 사람이다."

존캅은 "인간과 자연은 항상 새로운 가능성들로 나아가도록 불러냄을 받고 있다. 이것이 목적론적 당김이다."라고 말했다.

우리는 항상 새로운 가능성을 가지고 있다는 것을 잊어선 안 된다. 새로운 가능성에 대한 희망과 기대가 없다면 우리는 하루하루를 연명하는 것에 지나지 않을 것이다. 나와 세상이 고정되어 있지 않은 것처럼 나의 가능성도 언제나 새로운 미래에 열려 있다. 그것을 이해해야 예측 불허의 일들도 가능성을 담은 보고로 볼 수 있다. 그것은 사금을 얻는 과정일 수도 있다. 강가의 모래 속에서 사금을 발견하듯 우리의 가능성의 조각들도 살아가는 과정에서 얻고 모아 금덩이를 만들 수 있다. 미래에 우리의 희망이 이루어지고 자신이 원하는 삶을 살 수 있다는 믿음은 오늘의 도전을 미루지 않게 하고 삶을 역동적으로 살 수 있는 힘이 된다.

앞날을 암울하게 바라보면 의기소침해지고 마음이 약해진다. 현실의 문제는 있을지언정 내일의 비전을 긍정적으로 세우고 노력하며 살다 보면 생각지도 않았던 기회도 생기고 일의 활력도 생긴다.

찬란한 미래를 꿈꾸는 자는 그 희망과 기대로 미래를 현실로 끌어와 생생하고 충실하게 하루하루를 사는 사람들이다.

말의 효능

"말이 곧 나다."

말에는 각인력, 견인력, 성취력이 있다. 각인력은 어떤 말을 들었을 때, 우리의 뇌와 가슴에 깊이 새겨지는 것을 말한다. 견인력은 칭찬을 듣거나 긍정적인 평가를 받을 때 또는 자신이 원하는 바를 말함으로써 그 방향으로 끌어당겨지는 것을 의미한다.

성취력은 우리가 원하는 바를 자꾸 말하다 보면, 말이 씨가 된다는 속담처럼 그대로 이루어지는 것을 뜻한다. 즉, 자기 성취의 암시로 작용되어 미래 예언적인 기능을 하는 것이다.

그러므로 우리가 하는 말이 우리 삶을 규정하고, 우리 인생의 미래 모습도 예견한다고 보면 정말 함부로 말할 일이 결코 아님을 알 수 있다. 그 외에도 말은 곧 나 자신이 어떤 사람인지를 명확히 보여준다. 말하는 것을 보면, 그 사람이 어떤 사람인지 요샛말로 '각'이 나온다는 얘기다. 말하는 것으로 그 사람의 지성, 인격, 인성, 더 나아가 삶에 대한 지향도 알 수 있다.

뿐인가. 우리가 매일 하는 말의 영향은 또 어떠한가. 우리가 어려운 일을 당했을 때, 사려 깊지 못한 말로 상처를 받기도 하지만, 진심을 담은 위로와 격려의 말로 인해 살아갈 힘을 얻기도 하지 않던가.

성경 〈집회서(27장 4~7절)〉에 이런 내용이 있다.

"체질을 하면 찌꺼기가 드러나듯이, 그 사람의 결점은 그의 말에서 드러난다. 질그릇이 가마 속에서 단련되듯이 사람은 말로써 수련된다. 나무의 열매는 그 나무를 기른 사람의 기술을 나타내듯이 말은 사람의 속을 드러낸다. 말을 듣기 전에는 사람을 칭찬하지 말라. 사람은 그의 말로 평가된다."

결국, 말은 나의 감정과 정서뿐 아니라 나의 교양과 지적 수준, 나아가 다른 사람에게도 큰 영향을 준다고 할 때 말을 함부로 할 일이 결코 아니다. 나는 평소 무슨 말을 어떻게 주로 하는가. 가만히 들어 보라. 곧 알게 된다. 내가 어떤 사람인지를.

혼이 깃든 말

> "내가 내뱉은 말은 제일 먼저 나의 뇌가 듣고
> 잠재의식에 저장하는 것이다."

"하나의 말을 들으면 하나의 빛을 보는 것이다. 그리하여 인간은 말로 인하여 불멸이 된다."_막스 피카르트

영성철학자 막스피카르트의 말이다. 그가 말한 말의 중요함은 지나침이 없다. 말이란 단순히 전달 이외의 에너지 즉, 신념, 의지, 바람, 저주, 감정 등을 담고 있다. 그러나 좀 더 들어가면 말은 혼을 담고 있고, 혼을 담은 그 말은 앞서 언급한 대로 말 그대로 이루어지는 속성을 가지고 있다.

말은 그 안에 많은 잠재적 씨앗을 품고 있다. 말은 발설됨과 동시에 그 뜻의 씨앗을 배태하고 있다가 어느 지점에서 열매처럼 결과물이 되어 나타난다.

말이란 어디서 나오는 것인가? 바로 마음이다. 마음에서 이미 무엇을 하고자 하는 의지가 있어서 말로 나오는 것이다. 마음과 다르게 나오는 말은 타인을 속이거나 회피의 마음에서 비롯된 것이다. 그것이 아니라면, 대부분 내 마음에 있는 것이 말로 표현되는 것이다. 그러니 내가 하는 말을 잘 들어 보면, 내 마음속에 무엇이 있는지 알 수 있다. 평소 욕과 불평불만을 많이 한다면, 마음에 원망과 분노가 많다는 것을 방증하는 것이다. 감사하다는 말과 고맙다는 말을 달고 다니는 사람이 있다면, 그는 자신이 현재 살아가고 있는 그 자체나 자신이 하는 일 모두를 긍정적으로 받아들이고 있을 가능성이 높다.

그런데, 말에 대한 반응은 상대방이 아니라 나의 뇌에서 일어난다. 내가 내뱉은 말을 제일 먼저 나의 뇌가 듣고 잠재의식에 저장하는 것이다. 그러다 어느 시점이 되면, 그 잠재의식이 행동으로 발현되는데 바로 그 지점이 나의 말들이 열매를 맺는 순간인 것이다.

아메리카 인디언들의 속담에는 이런 말이 있다고 한다. "당신이 생각한 말을 일만 번 이상 반복하면, 당신은 그런 사람이 된다."는. 결국, 말이 나의 운명을 만들고 결정짓는다고 해도 과언이 아니다.

　내 운명과 인생을 활짝 필 말들을 자주 해 보자. 감사합니다. 고맙습니다. 축복합니다. 잘되길 기원합니다. 사랑합니다. 정말 아름다운 꽃이야. 널 만나 행운이야. 꽃보다 네가 더 예뻐. 이런 좋은 말들 말이다.

이름이 존재를 규정한다

> "나는 내 이름의 뜻에 걸맞게 살고 있는가."

　회사나 기타 단체, 그리고 개인의 이름을 지을 때, 가장 많이 고려하는 것이 바로 지향하고자 하는 의미를 이름에 어떻게 담아내는가에 있다.

　예로 아이가 태어나면 아름답고 지혜롭게 살라는 의미로 '윤지(贇智)'라는 이름을 짓거나 한글 이름으로 빛나는 사람이 되라는 뜻에서 '새빛나리'라고 짓는다. 우리나라 대표기업인 '삼성'의 이름도 크고, 많고, 강하게, 그리고 밝고 높게 영원하라는 뜻이라고 한다. 이렇게 기업이나 개인의 이름 역시 자신들이 바라는 소망과 지향을 담고 있다. 내 이름과 상대의 이름, 그리고 세상의 모든 브랜드명은 소망과 비전을 품고 있는 것이다.

세상을 보다 살기 좋게 하겠다는 의지, 그리고 보다 편리하고 멋진 세상을 만들겠다는 포부. 많은 사람들에게 신선한 식재료로 건강하고 맛있는 음식을 대접하겠다는 마음. 자신의 재능과 능력을 발휘하여 세상에 공헌하겠다는 이상. 이 모두가 우리의 이름에 그대로 담겨 있다.

그 옛날, 개똥이니, 쇠똥이니 하는 이름은 높은 영유아 사망률에서 비롯되었다. 호환 마마 등으로 일찍 아이를 잃지 않을까, 하는 두려움에서, 거칠고 천한 이름을 지어 질투 사지 않기를 바라는 의미로 말이다. 결국 그것조차 오래 살기를 바라는 염원이지 않은가.

우리 각자의 이름, 사업자들의 염원이 담긴 이름 모두 그 이름의 뜻에 맞게만 산다면 우리 모두는 긍정적인 사회를 만들 것이고 다들 성공 인생이다.

단독자와 초인

"초인의 삶은 단독자로서 살아가는 과정이다."

니체는 자기 삶을 당당하게 걸어가는 사람을 '단독자'라고 칭했다. 주체적이고 개별적인 삶을 살아가는 자를 일컬음이다.

내 삶을 단독자로서 당당하게 살아간다는 것! 말은 참 쉬운데, 현실에서는 생각할 것이 참으로 많다.

세상을 살아가는 데는 나 스스로 당당함을 느끼는 것도 중요하고, 타인과 사회가 나를 당당한 존재로 인정해 주는가도 중요하다.

단독자로서의 삶을 당당하게 세우고 살아가려면, 필요한 것들이 있다. 우선, 내가 독립적인 삶을 영위할 수 있는 정신적, 물질적 독립이 우선되어야 한다. 그런 다음 니체가 말한 것처럼 현재의 자신을 뛰어넘으려는 자세로 미래를 향해 계속 도전하는 사람을 일컫는 '초인'과 같은 삶을 지향하는 것이라고 말할 수 있다.

어쩌면 내 안에 나를 뛰어넘어 초월하고자 하는 이상이 있을 것이다. 초월, 초인이라는 단어는 그 단어 자체만으로도 무게가 느껴지고 비현실적인 느낌마저 든다. 그래서 보편적인 우리네로서는 너무 먼 얘기처럼 들리는 것도 사실이다. 그러나 니체의 말처럼 현재의 나보다 더욱 나은 나를 만들기 위해 노력하고 자신의 한계를 뛰어넘기 위해 목적을 갖고 도전하는 일체의 과정이 초인의 삶이고 초월적인 삶이라면 우리도 지금 그 길에 있다고 말할 수 있다. 우리에게는 곧 하루하루 경험하는 일상 속에서 우리가 도전하는 삶이 바로 초인의 삶이고 현재 자신을 초월해 가는 과정이 아니고 무엇인가.

노이즈

"내가 하는 중대한 결정과 판단이 결국 사소한 것에 의해
큰 영향을 받는다."

우리는 매일 크고 작은 판단과 선택을 하며 살아간다. 생활
에서의 소소한 판단이야 그렇다 치지만 우리 삶에 중요한 판단
을 내려야 할 때, 우리는 과연 그에 걸맞은 환경을 조성하고 있
을까.

2002년 노벨 경제학상을 받은 프리스턴대 심리학과 명예교
수인 대니얼 커너먼은 우리가 내리는 의사 결정은 현재의 기분
이나 마지막 식사 시간, 날씨 등, 주변의 자잘한 요인들에 의해
영향을 받는다고 했다. 즉, 내가 하는 중대한 결정과 판단이 결
국 사소한 것에 의해 큰 영향을 받는다는 얘기다. 대니얼 커너
먼 교수는 이처럼 인간의 판단에 영향을 주는 다양한 요인들을
'노이즈(noise)'라 명명했다.

쇼핑하기 전에 먼저 식사를 하라는 말도 있다. 허기진 상태에
서 쇼핑하면 계획했던 것보다 충동구매를 할 확률이 높다는 것
이다. 쇼핑에선 배고픔이 '노이즈' 요인인 셈이다.

의외라는 생각이 든다. 그렇게 소소한 환경적인 요인이 우리
의 중요한 판단에 영향을 미칠 수 있다는 사실이. 그렇다면, 우

리가 어떤 의사 결정을 내릴 때 나의 현재 기분이나 신체 상태를 체크하고 감정적인 기복을 자극할 수 있는 요인 등이 있음을 먼저 인식하고 그것을 제거한다면, 어떤 문제에 좀 더 적절한 판단을 내릴 수 있다는 얘기가 된다. 내가 지금 내릴 결정이 일생일대의 중요한 판단을 요구한다면 좀 더 나은 환경에서 결정할 수 있도록 유보하는 것도 매우 현명한 선택일 수 있다.

특히, 우리의 앞날에 지대한 영향을 줄 수 있는 결정이나 판단을 해야 할 때, 먼저 내 환경부터 체크하자. 그날의 날씨, 나의 기분, 주변의 정돈 상태 등등. 노이즈를 일으킬 만한 요소들을 먼저 제거하는 것이 무엇보다 중요한 이유다.

판단의 최상의 상태는 작지만 작은 영향에 그치지 않는 그것들을 세밀하게 점검하는 데 달려 있다.

·\'압박을 견디는 우리의 자세

"이 또한 지나갈 것이며,
이것을 견딤은 더 큰 나를 만들기 위함이다."

우리 인생이 쉽고 편안하기를 바라는 것은 거의 본능에 가까운 일일지도 모른다. 하지만 성장과 발전을 위해서는 어려운 과정을 거쳐야만 한다. 그것을 인정하지 않으면 필히 원하는 바를 얻을 수 없다.

이는 곧 성장과 성공을 원한다면, 우리는 어려움을 받아들이고 난해함 속으로 뛰어들어야 한다는 말이다. 그 어려움의 시간 속으로 끌려 들어가느냐, 적극적으로 뛰어드느냐에 따라 성장의 결과치는 또 달라질 수 있다.

어떤 일을 어쩔 수 없이 하게 되면 어렵고 힘든 문제들을 해결하기 위해 치러야 하는 심리적, 육체적 압박감은 배가 된다. 하지만 스스로 어려움과 고통을 능동적으로 받아들이면, 우리가 얻고자 하는 그 이상의 성장을 얻을 수 있다.

압박감을 견뎌 내는 데도 지혜가 필요하다. 사실, 압박감을 극단으로 느끼게 되면 공황상태에 빠지기 쉽다. 그래서 압박감을 통찰하는 것이 먼저다. 우선, 그 압박감을 내가 컨트롤 할 수 있는 것이냐, 아니면, 컨트롤 할 수 없는 것이냐를 구분해야 하는 것이 먼저다. 그런 의미에서 니버의 말을 상기해 볼 필요가 있다.

"하나님, 우리에게 변화될 수 없는 것에 대해서는 침착한 마음으로 받아들일 수 있는 은혜를 주시고, 변화되어야 할 것에 대해서는 변화시킬 용기를, 그리고 전자와 후자를 구분할 수 있는 지혜를 주옵소서."

그렇다. 이것을 구분하는 것만으로도 쓸데없는 걱정은 반으로 준다. 압박감을 잘 감당함으로써 우리는 자신의 한계를 뛰어넘을 수 있다. 지금 어떤 무게에 짓눌려 있다면, 눈을 감고 자신에게 말해 보라.

"이 또한 지나갈 것이며, 이것을 견딤은 더 큰 나를 만들기 위함이다."라고.

물론 무작정 견디기만 하는 것은 병을 부르는 지름길이다. 지혜롭게 견디기 위해서는 마음과 몸의 공부가 뒤따라야 한다.

어떤 경우에도 행복할 것

"행복은 발견하고 만들어 내는 것이다."

그 누구도 행복과 기쁨이 보장된 삶을 사는 사람은 없다. 아무리 많은 재산을 가져도 아무리 이 세상에서 큰 성공을 거둬도 인간에게 완벽히 보장되는 것은 없다. 돈과 권력이 위험과 불안을 어느 정도 줄일 수는 있겠지만.

인간 삶의 모든 것에는 양면성이 있다. 겉으로는 아무리 행복해 보여도 그 속내를 들여다보면 한두 가지쯤 걱정거리 없는 집이 없는 것처럼. 행복과 슬픔, 기쁨과 고뇌, 노동과 휴식, 고통과 희열, 이런 반대급부적인 것들이 동전의 앞면과 뒷면처럼 하나로 돌아간다. 이런 복잡하고 미묘한 삶의 복선이 인간의 삶이다. 그러나 인간은 어떤 상황에서도 행복을 발견할 줄 알고, 자신 스스로 행복을 만들 줄 알아야 의미 있게 살 수 있다. 사실 고통과 슬픔 속에 있을 땐, 아예 행복 자체를 생각할 여유조차 없다. 하지만 의식적으로라도 매일 어느 한순간만이라도 행복을 느낄 수 있는 시간을 갖는다면 감사함이 싹트고 이어 행복도 스스로 만들게 된다. 행복의 요소는 주어지는 게 아니라 스스로 발견하고 만들어 내는 것에 있다.

사람들이 천차만별인 것처럼 행복의 요건도 각기 다 다르다. 결국, 내가 행복의 의미를 부여한 것이 행복이다. 필자는 큰 고통에 처했을 때, 내게 행복을 주는 일을 하나 발견했다.

하루 종일 일 때문에 몸과 맘이 지치고 힘들었지만, 그럴 때 꽃시장에 가서 꽃을 보았다. 바빠서 못 갈 때는 핸드폰으로 찍어 둔 꽃들을 봤다.

필자는 꽃을 보는 그 순간 행복했다. 그 빛깔과 모양에 감탄하며 눈물짓곤 했다. 너무 아름다워서. 너무 고와서. 그 순간만큼은 정말 행복했다. 그리고 하나님을 생각했다. 그리고 감사했다. 꽃은 인간을 위해 신이 주신 축복의 선물이라는 생각에. 어쩌면 이리도 다양하고, 어쩌면 이렇게 다채로운 꽃들이 있을까. 내가 나한테 준 행복과 위안의 순간이었다. 어찌 됐든 이런 작은 일, 다른 사람들이 볼 때는 행복의 조건이 될 수 없는 것이라 할지라도 나 스스로 부여한 행복의 의미는 얼마든지 있을 수 있다.

지금, 슬픈가? 고통스러운가? 자기 파괴적인 일탈만 아니라면, 지금 당장 행복한 것을 찾아보라.

나 자신을 발현시킬 힘

"모든 문제 해결의 가장 적법한 해법은
우리 능력과 자질에 달려 있다".

"이렇다 할 재능이나 특징을 전혀 갖추지 못하고 철저하게 남들과 다를 바 없는 사람이 되는 것처럼 안타까울 때가 없다. 말하자면, 이런 경우다. 뼈대 있는 가문이라 할 수 있으되 가문의 명예를 세울 만한 업적이 전혀 없다. 용모는 뛰어나되 표정이 풍부하지 못하다. 그럴듯한 교육을 받았는데도 그것을 써먹을 줄 모른다. 지성은 있되 본인의 시장이 없다. 가슴이 있되 관용이 없다."

이 글은 도스토예프스키의 소설 《백치》에 나오는 내용이다.

자신에게 주어진 훌륭한 환경이나 혹은 재능에도 불구하고 무언가 가치 있는 삶을 생산하지 않는 것은 인생 태만이다. 다양한 경험과 다층적인 시각 없이 그저 단조롭게 이 세상을 살아가는 것 또한 지루하기 짝이 없는 인생이다. 또 배우기만 할 뿐 지식 구경꾼으로만 살아가는 것도 인생 주변인에 불과하다. 거기에 인생에서 배워야 할 것들을 제대로 배우지 않고 깨우치지 않아 세상과 타인에 대해 이해와 공감이 없는 삶을 사는 것 역시 공허하다.

이런 삶에 안타까움을 느낀다면 그것을 깰 방안을 마련해야 한다. 그런 편협하고 단선적인 삶을 소비하고 방관하는 태도를 바꿀 묘안은 없을까.

물론 어떤 방안이 모든 이에게 일률적으로 적용되지는 않는다. 기실, 기본이 뭔지도 모르는 사람에게는 그 기본을 먼저 가르치는 것이 우선이기 때문이다. 그러니까 각 개인의 실력과 자질에 따라 그 방법은 달라질 수밖에 없는 것이다. 불교에서 말하는 근기가 그것이다.

'근기(根機)'란 부처의 가르침을 받아들이고 교화될 수 있는 능력이나 자질을 가리킨다. 붓다는 개인의 소질과 능력, 성품, 자질에 따라 설법을 달리해 중생을 깨우쳤다. 이것을 근기(根機) 설법 또는 수기(隨機)설법이라고도 한다.

부처님은 중생의 근기와 성향을 살펴 그에 알맞은 설법을 하셨다. 어쩌면 모든 문제 해결의 가장 적법한 해법은 우리 능력과 자질에 따라 제시되어야만 한다. 그래야 알아듣고 이해하며 받아들일 수 있다. 물론 그것을 실행하는 것은 중생의 몫이지만.

그러나 이런 제시를 받지 못한 사람들은 어떻게 해야 할까. 스스로 그 문제점을 알아내고 각자가 자신에게 맞는 방법을 찾는 수밖에 없다.

누군가 나 대신 내 인생의 길을 제시해 주고, 그가 시키는 대로 살 수만 있다면 참으로 쉬운 인생이다. 그러나 자신의 문제를 스스로 고뇌하고 찾는 수고를 하지 않는 것은 자기 자신을 방기하는 것이다. 자신이 알지 못하거나 힘에 부쳐서 누군가에게 도움을 받을 수는 있다. 하지만 자기 자신의 삶을 스스로 고민하고 살아 내야 하는 책임은 분명 자신에게 있다.

누구 때문이라고 핑계를 대서도 안 되고 댈 수도 없다. 가끔 듣는 얘기가 있다. '목사님이 하라는 대로 했는데 안 되었다.'라든가 '스님 말씀대로 했는데 아니더라.'라는. 가르침은 받되 자기 자신에게 맞는지는 스스로가 고민해서 선택하고 적용하는 것이다.

나를 비추는 거울

"운이 좋은 사람과 어울리면 내 운도 좋아진다."

내 운이 앞으로 좋아질 것인지 금방 알 수 있는 방법이 있다.
요즘 내가 주로 만나는 사람들을 보면 쉬이 알 수 있다.
"파리 떼를 쫓으면 쓰레기 주위를 배회하게 되고, 꿀벌을 쫓
으면 꽃밭을 오간다."라는 말이 있는 것처럼 말이다.
성경 〈집회서(13장)〉에도 이런 글이 있다. "숯을 만지면 너도
더러워지고, 오만한 자들과 사귀면 너마저 오만해진다." 부정
적인 일을 행하거나 악한 일을 일삼는 자들과 함께하면 나도 악
에 물들기 쉽다.

운이 좋은 사람들과 어울리면 내 운도 좋아지는 것은 동화현
상 때문이다. 내 주변에 어떤 사람들이 포진해 있는지만 알아
도 내 운을 가늠할 수 있는 것이다.
고종 때, 사헌부의 종 3품 관리가 국왕에게 올렸다는 글에는
이런 내용이 있다.
"사람은 검소한 이와 함께하면 사치심이 없어지며, 공손한 사
람과 더불어 지내면 오만한 마음이 없어지고, 어진 사람과 함
께하면 사나운 생각이 없어지며, 강직한 사람을 가까이하면 유

약한 마음이 사라지는 것입니다."

그렇다. 내가 어떤 사람과 함께하느냐에 따라 나의 마음이 반응하게 되고 같은 행동을 하게 된다. 나의 거울은 나와 함께하는 사람들이고, 내가 많은 시간을 같이 보내는 사람들이다. 긍정적인 사고를 가진 사람과 교류하면 나도 긍정적 사고를 할 확률이 높아지고, 비관적이거나 우울한 사람과 함께하면 역시 그러한 기운에 감응된다. 그렇다면 나는 과연 주변인들에게 어떤 영향을 주는 사람인가.

먼저 상상하라

"꿈을 현실화시키는 무기는 상상력과 실행이다"

톰 피터스 박사는 이렇게 말했다. "다가올 미래에 대해 상상할 수 없는 것을 상상하라. 절대 일어날 수 없는 일은 충분히 일어날 수 있는 일이다."라고. 나폴레온 힐도 이런 말을 했다. "당신이 찾고 있는 기회는 당신의 상상력 안에 있다. 상상력은 당신의 소망을 실현시켜 주는 공장이다."

이 세상에 나온 모든 소산들은 애초에 상상에서 출발했다. 하늘을 나는 비행기도 그러했고, 전쟁 무기인 미사일이나 기타 생활 가전제품 등 우리의 생활 속 그 어느 것 하나 상상으로부터 시작되지 않는 것이 없을 정도다. 영화에서나 보았던 로봇이 인간의 노동을 대신하고, 대체 인력으로 급부상하고 있다. 커피를 내리는 로봇도 등장했고, 말벗이 되어 주는 로봇도 이미 상용되어 있다. 그뿐인가, 요즘은 챗GPT 등장으로 많은 전문 업계에서 활용의 측면과 침해 우려로 갑을논박이 한창이다. 앞으로 어떤 세상이 되던 상상 그 이상이 될 것은 분명하다.

사람이 상상한 모든 것이 실상이 된 것처럼 우리가 바라는 것을 상상한 것도 내 현실이 될 수 있다. 결국 상상하고 바라던 것이 씨앗이 되어 결실로 맺어지는 것.

그런데, 상상이 현실이 되기 위해서는 강력한 무기가 필요하다. 내가 상상한 일이 이루어질 수 있다는 믿음과 실행력이다. 진정한 믿음은 믿기 때문에 실천하는 것이고, 간혹 발생하는 방해에도 꿋꿋하게 나아가게 하는 원동력이기도 하다.

맘껏 상상하라. 그리고 꿋꿋하게 실행해 나가라. 어느 날, 당신 앞에 꿈꾸던 현실이 펼쳐질 것이다.

보상심리

> "시절 인연이 안 맞아
> 노력과는 별개의 결과가 주어질 때도 있다."

우리가 노력하고 땀 흘린 것이 꼭 보상으로 주어지던가? 그렇게 믿고 싶지만 세상의 실상은 내가 기울인 노력만큼, 흘린 땀만큼 보상받지 못하는 게 훨씬 많다.

"일의 계획은 인간이 하는 것이고, 그 일을 이루는 것은 신이 한다."라는 말이 있다. 결과를 기대하는 것 자체가 인지상정인지라 그것을 무시할 수는 없다 해도 마지막 이룸은 신께 맡기고 내 할 몫을 다하는 것이 우리의 의무인지도 모른다. 이런 자세가 사람에게 절제와 균형을 이루게 하고 집착에서 벗어나게 만든다고 생각한다.

사실, 결과나 보상에 대한 생각이 앞서면 조급해지고 감정적이게 된다. 생각만큼 결과가 주어지지 않으면 쉽게 좌절하고 자학에 빠지는 이유다. 좌절과 자학을 반복하다 보면, 일의 성취와는 점점 멀어지게 된다. 우리가 어떤 일을 할 때 성취를 바라는 것은 당연하지만, 보상만을 위해 달려가면 크게 좌절하게 된다.

때로는 시절 인연이 안 맞아 노력과는 별개의 결과가 주어질 때도 있다. 내가 아무리 최선을 다하고, 모든 열정과 힘을 쏟아 부어도 시절 인연이 닿지 않으면 힘들다는 것이다. 내가 돼지고기 음식점을 열심히 하는데 돼지 콜레라가 발생한다거나, 소고기를 파는데 광우병 파동이 난다면 어찌 되겠는가. 내 노력과는 무관하게 발생한 이런 일은 정말 운이라고 밖에는 할 말이 없다. 억울하지만 그런 때도 있는 게 우리네 인생이다. 수긍할 수 없고 이해하고 싶지 않아도 우리를 고난에 빠뜨리는 결과가 주어질 때가 있다.

5부

다이아몬드도 연마하지 않으면, 한낱 돌덩이에 지나지 않는다

다이아몬드도 처음 발견할 땐 돌덩이에 불과하다.

그것을 닦고 연마한 후에라야

영롱한 빛의 다이아몬드가 만들어진다.

우리도 우리를 닦고 연마해야 가치 충만한 내가 된다.

포용은 평범함을 비범함으로 만든다

"나의 세계와 그의 세계를 인정하고
관용해야 충만한 길을 갈 수 있다."

내가 어떤 편견을 가지고 사물을 판단하거나, 옹졸한 마음으로 상대를 대할 때마다 오래전에 봤던 다큐가 하나 떠오른다.

파란 눈의 무당 즉, 독일인 무녀와 독일인 신부님에 대한 내용이었다. 그 둘의 대화에서 필자는 무한한 감동을 받았다. 신부님은 그 무녀에게 이렇게 말했다.

"세상에는 다양한 신이 존재한다. 너는 그것을 무당의 범위 안에서 하고, 나는 기독교 범위 안에서 한다. 나는 이제 너의 신과 나의 신에게 기도 하겠다. 우리는 둘 다 길을 찾고 있다. 완벽하고 충만한 길을."

감동적이지 않은가. 어떻게 이처럼 포용적이고 관용적일 수 있을까. 우리가 진정 성숙한 인간이라면, 이 신부님과 같이 열린 마음이어야 한다고 생각한다. 내 생각의 편협함에 묶여서, 내가 믿는 종교가 아니라고 해서, 또 나와 다른 생각과 지향이라고 해서 네가 틀렸다고 비방하는 것은 얼마나 옹졸한가 말이다.

이런 신부님을 만난다면, 상대는 그가 믿는 신에 대해 얼마나 크게 신뢰하게 될까. 이런 열린 마음은 상대를 포용하고 감싸

안는 위대한 존재론적 행위다.

또한, 상대의 것을 인정하고 수용하는 마음이야말로 진정으로 인간을 사랑하는 마음이다.

내 세계와 그의 세계를 동시에 인정하고 긍정하는 것이 궁극적으로 종교적 가르침과도 일치한다.

세상에서 가장 어려운 일과 가장 쉬운 일

"만물 중에 가장 어려운 일은 자기 자신을 안다는 것이고,
가장 쉬운 것은 남에게 충고를 하는 것이다."

고대 7대 현인이라 불리는 탈레스는 현인이자 상인이었으며 정치가였다. 뿐만 아니라 천문가였고, 철학자였으며 물리학자이기도 했다. 그는 만물 중에 가장 어려운 일은 자기 자신을 아는 것이고 가장 쉬운 것은 남에게 충고를 하는 것이라고 했다. 자기 자신을 안다는 것은 자신을 다층적인 시각으로 본다는 것이다. 자신을 명징하게 볼 수 있으려면, 성찰적인 눈과 함께 칼날 같은 비판을 스스로에게 할 줄 알아야 한다. 자신을 아는 일은 이 얼마나 어려운가.

흔히들 "나라면, 너처럼 안 한다. 왜 그렇게밖에 못 하느냐.

나라면 죽어도 너처럼 판단하고 행동하지 않는다."라는 말을 너무나 쉽게 한다. 그러나 똑같은 상황이 되고 보면, 그런 말이 쉽게 나올 수 없음을 알게 될 것이다. 게다가 그 충고마저도 진정한 마음에서 우러나온 것인가 하면 그것도 아니다. 그 속내를 들여다보면, 자신의 열등감과 결핍을 충고라는 형태로 내뱉는 경우도 있고, 자신의 공격성을 교묘하게 표현하는 경우도 있다.

물론, 우리는 다른 사람의 비판이나 평가를 받아들여야 하고, 그것을 어떻게 받아들이느냐에 따라 성장할 수 있는 계기도 된다. 하지만 무분별한 충고로 더 큰 마음의 상처를 입거나 용기가 꺾인다면, 그것은 좋은 충고가 아니다.

기실, '충고(忠告)'라는 말은 남의 잘못이나, 허물을 충심으로 타이른다는 뜻이다. 그러니 누군가에게 충고하고자 할 때는 상대에 대한 충분한 이해와 충직한 마음이 있는지, 먼저 헤아려야 할 것이다. 부모라고 해서 모두 충직한 충고를 할까. 아니다. 마음 저변에 자식을 위하는 마음이 왜 없겠는가마는 부모라 할지라도 자식에 대한 이해와 객관화된 눈이 없다면, 역시 충직한 충고를 할 수 없다.

또 아무리 충직한 충고라 할지라도 적절한 타이밍이 아니라면 자칫 섣부른 충고로 관계가 깨어지기도 하고 돌연 싸움의 부메랑이 되어 돌아오기도 한다. 이렇듯 충고란 어렵디 어려운 일이다.

반성 VS 회개

"회개는 죄의 잘못을 넘어 삶 전체의 방향을 바꾸는
온전한 변화를 말한다."

어느 책에선가 읽은 기억이 난다. "회개하는 사람은 하느님의
성령의 인도를 받는 사람이다."라는. 우리가 하는 잘못 중에는
행위로 하는 죄와 마음으로 짓는 죄가 있다. 어떤 것이든 내가
한 짓이 잘못이라는 것을 아는 데에 방점이 있다.

자신이 무엇을 잘못했는지조차 모른다면, 어떻게 반성과 회
개를 할 수 있겠는가. 그런데 일반 반성과 회개는 좀 다르다.
반성은 사전적으로 자기 언행이나 잘못에 대해 돌이켜 보는 것
을 의미하고, 회개는 후회나 반성보다 좀 더 깊은 의미가 있다.
회개는 사전적으로는 죄나 잘못을 뉘우치고 마음을 고쳐먹는
것을 말한다.

특히, 그리스도교적인 회개는 삶 전체의 방향을 바꾸는 온전
한 변화를 말한다.

똑같은 잘못을 저질렀어도 그 잘못에 대해 본인들이 느끼는

반성과 회개의 강도는 다를 수 있다. 분명, 타인에게 해를 입혔음에도 크게 느낌이 없는 경우도 있고, 그 잘못된 것에 대해 깊이 참회하는 분도 있다. 더불어 외적인 잘못만이 아니라, 자신이 저지른 정신적, 영적 잘못에 대해서까지 깊이 묵상하고 회개하는 분들도 있다. 정신적, 영적 깊이에 따라 죄에 대한 깊이와 넓이가 다르다는 것을 알 수 있다.

그런데 가끔, 회개와 죄책감을 혼동하는 경우를 본다. 죄책감은 자신이 저지른 일에 대한 죄적인 감정이지만, 회개와 참회는 그동안의 자신이 가지고 있던 마음의 근본을 고쳐먹는 것이고 다시는 반복하지 않겠다는 묵시적인 약속이 뒷받침되는 것이다. 그래서 회개는 한 사람의 삶의 방향을 완전히 바꾸는 인생의 변곡점이다.

우리는 나약하고 유혹에 빠지기 쉬운 존재다. 그러나 인간의 불완전함을 합리화해서도 안 되고, 오로지 죄를 지을까 봐 전전긍긍하는 것도 결코 바람직하지 않다. 죄를 짓지 않도록 조심하는 것도 필요하지만 혹여, 잘못을 저질렀다 하더라도 회개하고 삶의 방향을 다시 정하는 것만이 우리가 할 일이다.

참된 회개를 통해 성령의 인도하심을 받는다면 회개가 진정 축복이다.

분수대로 살지 마라

"현재 자신의 분수를 깨고 과감히 도전하라."

사람들은 분수껏 살라고 충고한다. 나름 일리 있는 말이지만 따지고 보면 패배주의가 깃든 말이기도 하다. 뿐만 아니라 사람들의 가능성과 잠재력을 죽이는 말이 되기도 한다.

분수껏 살라는 말은 지금 현재 자신이 가지고 있고, 하고 있는 일의 범위를 넘어서지 말라는 것이다. 현재에 만족하고 살라는 것이다. 특별히 현실에 만족하고, 수용하는 삶을 지향한다면 그 또한 선택이다. 그러나 도전하지 않는 삶을 합리화하기 위한 구실이거나 다른 사람들의 삶에 자신의 열등감을 투사하는 것이라면 삼가야 할 것이다.

'분수껏'이란, 사실 지나친 만용을 부릴 때나 적용되는 말이다. 필자는 분수를 깨는 삶을 한번 살아 보라고 권하고 싶다. 현재를 분수껏으로 한정하지 말고, 자신이 원하고 가고자 하는 삶을 위해 과감히 도전하는 삶을 선택하라고. 그리고 또한 말하고 싶다. 함부로 다른 사람 인생에 분수껏 살라, 충고하지 말라고.

어차피 백 년도 못 사는 인생이다. 할 수만 있다면 현재의 분수를 깨고, 그 분수를 뛰어넘는 삶을 살아 보자.

나의 장단점 파악하는 방법

"장점에 집중하라."

내가 잘하는 것이 무엇인가. 실제로 내 재능에 대한 인정을 받았다면 모르지만 아직 검증받은 사실이 없다면 자신이 그 일을 진짜 잘하는 것인지 알지 못한다. 물론, 남들이 인정해 주어도 자존감과 자신감이 부족해서 본인 스스로 인정하지 못하는 경우도 있다.

자신의 장단점을 잘 파악하려면 어떻게 해야 할까?

피터 드러커는 자신의 장단점을 파악하기 위해 "매일 저녁 자신이 한 일을 수첩에 기록하고 평가하는 피드백 시간을 가졌다."고 한다. 그렇다. 매일 자신이 한 일들을 수첩에 기록하다 보면, 자신이 정말 뭘 잘하고 못하는지 금방 알 수 있다. 더불어 하루하루 자신의 삶을 기록하는 것도 매우 큰 의미가 있다. 자기 삶의 행적이니까. 그렇게 하다 보면, 스스로 피드백을 주게 되어 장점은 더 살리고, 단점은 줄여 나가거나 고칠 수 있게 된다.

"인간은 행복을 건설하려고 노력하기보다는 불행을 줄이기 위해 애쓴다."라는 글을 읽은 적이 있다. 장단점도 마찬가지다. 사람들은 장점을 더 키우기 위해 노력하기보다는 단점을 없애기 위해 더 많은 시간과 노력을 기울인다.

효과적인 성과를 내고 큰 성장을 하고 싶다면 장점에 집중해야 한다. 물론, 치명적인 단점이라면 고쳐야 마땅하다. 그렇지 않다면, 장점에 집중하라. 어떤 일을 하는 데 있어 타고난 재능을 가진 사람은 보통 사람의 절반의 힘, 혹은 그보다 훨씬 적은 노력으로 그 일을 해낸다. 그에게는 그것이 재능이며 장점이다.

의도에 의해 업이 생긴다

"업도 고정되어 있지 않고 진화, 혹은 변이한다."

업이라 하면, 주로 불교적 관점에서 보게 된다. 간단히 말해, 업은 말과 행동, 생각, 그리고 의도라 할 수 있는 것들을 총괄한다.

그런데 이들 중, 말이나 행동은 실제적인데 반해 생각과 의도는 내재되어 있어 보이지 않는다. 하지만 잘 생각해 보면 우리가 어떤 의도를 갖느냐에 따라 결국은 현실에서 그것이 행동으로 드러난다고 볼 때 의도와 생각은 행동의 씨앗인 셈이다.

물론, 의도와 상관없이 결과가 좋을 때도 있고 나쁠 때도 있다. 그러나 그 근원적 의도가 선이었다면 눈에 보이는 것과는 상관없이 선업 쪽으로 진행 상태에 있다고 본다. 일종의 과정이라 칭할 수 있을 것이다. 악의 역시 겉으로는 선으로 보일지 몰라도 그 이면은 악의를 품고 진행된다고 봐야 한다. 불경에서는 악행이 곧바로 어떤 과보(果報)를 낳지 않는다 해도 악의와 악행은 재에 덮인 불씨라 했다. 언젠가 재에 덮인 불씨가 큰불을 일으킬 수 있는 것처럼 악의도 언젠가 악행의 결과로 귀결된다.

그런 의미에서 선의가 인정받지 못했다고 좌절할 필요는 없다. 의도 자체가 이미 선한 인연법을 만들어 가고 있는 중이고 비록 어떤 단계에서 선의 결과가 주어지지 않았다고 할지라도 선의는 또 다른 선과 연계해 선의 결과를 가져올 것이기 때문이다.

열등한 공덕, 우수한 공덕

> "우수한 공덕은 나에게는 자긍심을,
> 세상에는 이로움을 준다."

공덕에도 열등한 공덕이 있고, 우수한 공덕이 있다. 열등한 공덕은 마지못해 하거나 오로지 어떤 이익만을 위해 하는 공덕이다. 물론, 안 하는 것보다야 낫겠지만. 이왕 하는 것이라면, 우수한 공덕을 하는 게 낫지 않을까.

우수한 공덕은 당연히 타인에게 도움도 되고 나 역시 하고 나서 기분이 좋은, 행복을 주는 공덕이다. 그러니 우수한 공덕을 하지 않을 이유가 뭐란 말인가. 우리가 행복을 느끼는 것은 내게 꼭 이익이 되어서가 아니라 타인과 세상에 뭔가 도움이 된다는 그 자체에서 얻는 뿌듯함이 크다.

그런 뿌듯함이 나의 자긍심을 높여 주고 세상에도 이로움을 주니 일석이조다. 공덕을 너무 크게 생각할 필요는 없다. 미소 하나만으로도 공덕을 지을 수 있다. 밝고 친절한 미소를 볼 때 마음이 저절로 환해지지 않던가. 또 내가 건넨 배려 있는 말과 행동으로 인해 타인이 미소 지을 때 역시 행복한 마음이 들지 않던가. 이렇게 작은 공덕을 쌓다 보면 삶 자체가 바뀐다. 또 생활에서도 얼마든지 공덕을 쌓을 수 있다. 겸손과 절약이다. 겸손이야 말할 것도 없지만 절약에 대해서는 생각해 볼 문제가 있다.

우리 사회가 절약을 미덕으로 보기에 스스로 자신의 인색함을 근검절약의 미덕으로 착각하는 경우가 있기 때문이다. 인색함을 정당화시키고 합리화하는 것이다. 지나친 겸손도 오만이지만 지나친 절약도 탐욕과 같다. 겸손과 절약에도 절제가 있어야 하는 법이다.

공덕이 되는 일곱 가지 행위

"남이 지은 공덕도 기뻐하는 게 나의 공덕 쌓는 일이다."

① 보시

② 계를 지키는 것

③ 수행

④ 남이 지은 공덕을 공유하고 기뻐하는 것

⑤ 다른 사람을 섬기고 공경하는 것

⑥ 법문을 듣고 배우며 남을 가르치는 것

⑦ 바른 견해를 갖는 것

보시에는 물질적 보시와 정신적 보시가 있다. 물질은 말 그대로 물질이 필요한 이들에게 하는 것이요. 정신적 보시는 영적, 정신적으로 깨달음을 주거나, 위로나 격려도 이에 해당한다.

계를 지키는 것은 역시, 살생하지 말라, 간음하지 말라, 도둑질하지 말라와 같은 우리가 사는 인간 사회의 규범들을 지키는 것을 말한다. 수행은 일반 종교에 귀의한 사람들이 아니더라도 평소 계를 지키고, 삶의 형태가 수행적인 것을 이른다. 일상에서의 수행적인 삶은 정갈하게 삶을 관찰하고 보편의 생활을 나름대로 체계화해서 자기 느낌을 가지고 살아가는 것부터 적용할 수 있겠다.

남이 지은 공덕을 공유하고 기뻐하는 것은 어쩌면 가장 쉬운 것 같기도 하지만 어려울 수도 있다. 남이 지은 공덕을 질투하지 않고, 그것을 기쁨으로 받아들이고 축하해 줄 수 있다면, 나 역시 큰 그릇이다.

다른 사람을 섬기고 공경하는 것은 인간 존중과 사랑이 바탕이 되어야 할 것이고, 끊임없이 생명에 대한 성찰이 이어져야 가능한 일이다. 법문을 듣고 배우며 남을 가르치는 것은 자신이 공부하거나 깨달았던 것을 남에게 보시함으로써 남이 향상되는 것에 기여하는 적극적인 행위다. 그리고 바른 견해를 갖는다는 것은 세상을 보는 보편적 시각이 올바르며 세상과 타인을 존중하고 사리를 분별하며 선의와 도에 맞게 살아가는 것이다.

선업

"내가 행복한 삶을 살아야
다른 사람도 행복하게 해 줄 수 있다."

불교에서는 좋은 업으로 과보를 얻는 몇 가지가 있다.

첫째, 행복한 삶을 살아야 한다.

둘째, 호감 가는 외모로 가꿔야 한다.

셋째, 유리한 조건이나 기회, 때를 잘 만나야 한다.

넷째, 노력과 근면함을 게을리 하지 않고, 지혜를 갖춰야 한다.

불교방송에서 들었던 내용인데 좋은 업으로 과보를 얻는 방
법이 매우 현실적이어서 놀랍지 않은가.

내가 행복한 삶을 살아야 다른 사람도 행복하게 해 줄 수 있
다. 그뿐만 아니라, 타인에게 진심으로 관심과 관용을 베풀 수
있다. 내 마음은 지옥인데 남에게 호의를 베풀고 봉사를 한다
면, 그것은 도피다.

좋은 외모나 호감 가는 외모가 성형적인 아름다움을 말하는
것은 아닐 것이다. 자신의 개성에 맞는 외모와 그 생각과 태도

가 인위적이지 않은 자연스러운 매력을 가꾸라는 뜻이다.

세 번째는 어찌 보면, 운이라고도 할 수 있다. 때를 잘 만나는 것은 시절 인연을 잘 타고 나는 것으로, 내 맘대로 할 수 없는 부분이기도 하다. 그러나 어느 때라도 최선을 다해 준비하고 있다 보면, 생각지 않은 행운이 찾아올 수도 있음을 잊지 말자.

누구나 다 알고 있듯이, 우리가 어떤 성취를 하고 성장하기 위해 필수적인 것이 있다면 근면과 노력이다. 완성의 최종 단계가 비록 근면과 노력만으로 이루어지지 않는다 해도 일이 성취되는 중요한 요소임에는 부인할 수 없다.

지혜를 갖추는 문제는 좀 다른 각도의 문제이기도 하다. 지혜라는 것은 책이나 공부만으로 얻어지기 어렵다. 또 경험만으로 지혜를 갖췄다 말하기도 어렵다. 공부도 하고 책도 읽고 경험도 해야 함은 물론, 그 경험을 통한 성찰적인 노력이 뒤따라야 지혜를 얻을 수 있다.

사실, 경험을 통해 얻는 것은 지혜라기보다는 기술을 터득하는 요령과 안목인 경우가 많다. 진정한 지혜는 경험의 한계를 넘는 것이다. 눈에 보이지 않는 이치와 가치를 깨닫고 현실에 적절히 적용하는 것이다.

파랑새증후군

"아이들의 '빅피처'는 아이들이 그려야 한다."

파랑새증후군은 벨기에 극작가 마테를링크의 동화극《파랑새》의 주인공에서 유래한 말이다. 파랑새증후군의 뜻은 어머니의 과잉보호를 받고 자라 정신적인 성장이 늦은 사람을 나타내는 말이다. 곧 현실에 적응하지 못해, 현재 자신이 하고 있는 직업이나 처지에 만족하지 못하는 사람들을 일컫는다. 그래서 욕구 불만과 스트레스에 시달리는 사람들이다.

우리 주변에는 이렇게 파랑새증후군에 시달리는 사람들이 의외로 많다. 요즘은 너나없이 외동아들과 외동딸들인데 이 아이들은 대개 부모의 절대적인 보호 아래 성장하는 구조가 기본이다. 사실, 한 인간이 성장하면서 겪는 의존적 시기를 벗어나 마땅히 독립적인 인간이 되어야 함에도 구조의 문제로 인해 더뎌지고 있다.

어머니들과 상담을 하다 보면 어디까지가 부모의 의지이고 어디서부터가 자녀의 의지인지 모르겠다. 어머니의 '빅피처' 아래에 아이의 의지나 꿈은 무시되기 일쑤다. 일정 부분 부모의 책임과 보호 아래 자녀가 주체적으로 자기 길을 찾아갈 수 있도록 도와주어야 함에도 부모가 모든 결정권을 행사하려고 드는 예를 참으로 많이 봤다.

빅피처는 아이가 그려야 한다. 그 그림을 잘 완성해 갈 수 있도록 부모와 선생님, 그리고 주변인들이 힘을 보태야 건강하게 그려낼 수 있다.

아이를 인도하는 사람의 정신과 자세가 어떤가에 따라 아이들을 가치 있고 건강한 성인으로 성장시킬 수 있기에 부모나 어른들의 역할이 무엇보다 중요하다.

행복 법칙

"진정한 삶의 축복은 오늘의 즐거움과 행복을 즐기는 것이다."

"삶의 마지막 순간에 바다와 하늘과 별 또는 사랑하는 사람들을 마지막으로 한 번만 더 볼 수 있게 해달라고 기도하지 마십시오. 지금 그들을 보러 가십시오."

법륜스님의 《인생 수업》에 나오는 글귀다.

우리는 매일 패턴화된 삶을 살기 쉽다. 그래서 일상의 소중함도 어떤 큰일이 생겨 일상성이 깨져야 자각하곤 한다. 가족과 주변 사람들에 대한 고마움도, 마음 깊은 곳에서만 있을 뿐 웬만해선 표현하지 못하고 안 하기도 한다.

사람들은 절체절명의 순간이 닥치면 누구나 제일 사랑하는 사람을 찾는다. 미국의 911테러 사건 때도, 대구 지하철 사고 때도, 그리고 극한 상황에 빠졌던 많은 사건 사고에서 그들이 남긴 마지막 말은 '사랑한다.'였다.

매 순간 사랑한다고 표현할 순 없다고 해도 종종 내가 사랑하는 사람에게 따뜻한 눈빛으로 사랑한다고 말하며 살자. 그러면 적어도 마음에 회한은 남지 않을 것이다. 뿐만 아니라, 내가 좋아하는 것이 꽃이라면, 또 바다고 산이라면, 한 달에 한 번은 짬을 내서 꽃을 사고 산과 들을 찾아 작은 행복을 만끽하자.

오늘의 즐거움과 행복을 유보하지 않는 삶이 축복이다. 그런 의미에서 평소 자신만의 행복 원칙을 만들어 보는 것도 의미 있을 것 같다. 혹시 행복을 겉으로 표현하는 게 어색한가. 자신이 자라온 가정환경이 무엇을 표현하는 것 자체가 부자연스러운 집안 분위기였다면 아마 그럴 가능성이 높다. 그렇다면 연습이 필요하다.

매일은 못하더라도 일정한 규칙을 만들자. 수요일마다 아이들에게 사랑한다는 말을 하자거나, 토요일에는 설거지를 하자는 식으로 말이다. 그러다 보면 피드백이 온다. 그 피드백을 주고받다 보면 좋은 에너지가 발생하고, 그렇게 되면 우리가 행복할 시간은 더욱 늘어나고 후회의 시간은 훨씬 줄어들 것이다.

별을 좋아하는가? 어둠 깊은 곳에 가서 밤하늘의 별을 가득

안고 오는 것은 많은 시간과 돈이 들지 않는다. 소소하거나 작아도 내게 행복을 선사하고, 감사의 마음을 느낄 수 있는 것들을 실천하자. 나도 행복하고 상대도 행복할 수 있는 그런.

내 삶의 의미

> "당신의 삶은 당신이 거기에 의미를 부여하는 만큼
> 딱, 그만큼의 의미를 지닌다." - 헤르만 헷세

헤르만 헷세의 말이다. 그렇다. 내가 나를 어떻게 바라보고, 내 삶을 어떻게 규정하는가에 따라 내 삶의 의미가 결정된다.

고로, 자신의 의미 부여에 따라 인생의 방향과 깊이가 달라지고 가치 있는 생이 되느냐 마느냐가 결정된다.

내가 내 삶을 불행하고 의미 없는 눈으로 보면 내 삶은 한없이 불행하고 의미 없는 쪽으로 기울어진다. 내가 세상을 보다 긍정적이며 살아 볼 만한 가치를 부여하면 세상의 모든 것에서 긍정적인 요소를 찾아낸다.

그래서 나를 건강하고 균형 잡힌 사람이라고 가치를 규정하면 나는 그 선상에 있는 것이고 그 행로를 걷게 되어 있다. 우리는 결국, 우리 스스로 규정한 자신의 한계 안에서 살아가고 있는지도 모른다. 세상이 나를 규정하고 한계 한 것이 아니라, 내가 나와 세상을 규정하고 일정 틀에 가둔 건 아닌지 생각해 볼 일이다.

반복의 힘

"우선순위와 꾸준함이 대작가를 만들어 낸 힘이다."

무라카미 하루키는 일상 속 반복의 중요성을 역설했다. 또한 그 반복적인 생활을 지속하기 위해서는 많은 정신력과 체력이 필요하다고도 말했다. 그는 장편을 주로 쓰는 작가다. 반복되는 시간의 축적이 필요하고, 그만큼 강인한 체력이 뒷받침되지 않았다면 그렇게 오랫동안 글을 쓸 수는 없었을 것이다.

그는 매일 새벽 4시에 기상해서 10시까지 글을 쓰고, 오후에는 달리기와 수영, 독서, 음악 감상을 하고, 저녁 9시에는 어김없이 취침에 들어간다고 한다.

요즘, 미라클 모닝이 유행하고 있다. 새벽 4시나 5시 혹은 6시에 일어나 글을 쓰거나 어학공부 등 기타 원하는 것을 위해 시간을 쓰는 것이다. 그들은 블로그에 자신의 계획을 올리는 등으로 자신과의 약속을 타인과 공유한다. 즉, 자신의 계획을 공표하여 지지받고 또 스스로 강제한 약속을 지키기 위해 노력하는 것이다.

대단한 일이다. 자신이 원하는 것을 이루기 위해 새벽 시간을 정해서 하루도 빠짐없이 실천하는 것 자체가 어디 그리 쉬운 일이던가. 습관을 바꾸는 것이기에 더더욱 그렇다.

우리가 무엇을 해내기 위해서는 그것을 위해 헌신하는 절대적인 시간이 필요하다. 또 절대적인 그 시간을 확보하기 위해 절제된 생활을 해야 하고 자신을 관리해야만 가능한 일이다. 절제된 생활을 조금만 벗어나도 반복하는 힘은 약화된다.

사실, 필자 역시 하루를 걸러 글을 쓰려고 하면 벌써 더뎌짐을 느낀다. 게다가 그렇게 한번 시간을 어기고 실행하지 않으면 그것이 빌미가 되어 며칠이 그냥 흘러가 버리기도 한다. 그래서 원래대로 다시 자리에 앉기까지 꽤나 긴 시간이 걸린다.

매일 같은 일을 반복하고 일정한 시스템을 만들기 위해서는 감내해야 할 것들이 많다. 첫째, 친구들과의 술자리나 기타 개인적인 취미 생활, 오락 거리 등을 절제해야 한다. 둘째, 모든 것을 잘하겠다고 하는 마음을 접어야 한다. 우선순위에 따라 선택하고 거기에 집중해야 한다. 그래야 자신이 진행하고 있는 일을 지속적으로 해나갈 수 있다.

특히, 기혼이라면 가족들에게 많은 이해와 도움, 그리고 지지를 얻어야 한다. 그렇지 않으면 혼자서 모든 것을 하다가 지치고, 나아가 원망과 불평이 생기기 쉽다. 이러한 감정이 생기면 작은 일에도 자꾸 다툼이 발생하고 일과 생활의 균형이 깨지고 만다. 사실, 기혼이 뭔가를 해내는 것은 미혼일 때보다 서너 배는 더 어렵다. 거기에 아이가 하나 이상이거나 시부모를 모신다면 배가 된다. 제대로 일을 해내려면 여러 각도의 힘 분산과 시간 배분 등에서 똑똑한 관리가 필요하다. 거기다 체력까지 갖추어야 한다면, 운동을 위해 시간 관리를 타이트하게 할 수밖에 없다.

《북회귀선》과 《남회귀선》을 쓴 헨리 밀러도 기분에 좌우되지 말고 계획에 따라 작업하라고 조언했다. 정해진 시간에 쓰고 마감하며 다른 모든 일들은 글을 먼저 쓴 후에 하라는 말이다. 중요한 일을 정해진 시간에 우선순위에 두고 하고 그것을 지켜 꾸준히 해 나가는 것이 대작가를 만들어 낸 힘이었다. 우리도 이와 같이 한다면 무엇이든 이룰 수 있다.

신념의 체화

"신념은 육체를 지배하고 행동을 지배하며 성공을 결정한다."

우리가 처음 신념을 결행할 때, 신념에 반하는 그동안의 생활

패턴이 자신을 원점으로 돌리려 할 것이다. 하지만 우리가 가진 신념이 강하면 강할수록 현실의 제약과 제동(制動)을 풀고 자신이 가고자 하는 방향으로 이끈다.

가끔 지인들이 묻곤 한다. 왜 자신은 신념을 가졌는데도 지속력이 없는지. 왜 행동으로 이어지지 않는지를. 그것은 신념의 가치는 세웠으나 강한 신념이 체화(體化)되지 않아서 실행하지 않거나 실행을 했다고 하더라도 금방 멈추기 때문이다.

그럴 때는 본인 스스로에게 물어봐야 한다. 내가 세운 가치를 진정 신념으로 확고하게 믿고 있는가를. 그것을 실행할 열망을 가졌는가를 말이다. 그 질문에 "예스!"라고 답할 수 있다면 우리는 우리의 목표와 의지가 몸에 배도록 훈련해야 한다. 그게 체화다. 훈련 없이 마음만 가지고는 체화되지 않는다. 습관이 되도록 연습과 훈련이 필요한 이유다.

그런데 우리의 신념을 약화시키는 것이 무엇인지 아는가. 그것은 바로 자기변명과 합리화다. 계속해서 자신이 가진 신념을 지키지 않거나 변명거리를 찾는다면 신념은 금세 시들해져 버린다.

기억하라. 이 세상의 승리자들은 항상 그럼에도 불구하고 해냈다는 사실을 말이다. 육체적인 어려움이든 정신적인 고통이든 열악한 가정환경이든 기타 우리의 삶을 방해할 수 있는 모든 요소들이 있음에도 결국 해낸 사람들이 있다는 사실을.

6부

감정이 운명을 만든다

이성과 감정 중 센 놈이 운명을 만든다.

그런데 대부분 감정이 이긴다.

고로, 감정이 우리의 운명을 만든다.

성취의 테스트

"크고 작은 성과는 모두 우리에게 대가를 지불토록 한다."

살면서 위험에 노출되고 불안 속에 살고 싶은 사람은 없을 것이다. 누구든 위험, 재난, 고통, 어려움, 불안 등은 피하고 싶어 한다. 그러나 우리의 삶 자체도 그것을 피할 수 없거니와 무언가 도전하기 위해서는 더더욱 위험과 불안, 불확실 속으로 뛰어들어야 한다.

세상의 아이러니는 그 위험과 고난, 불안 속에 반전의 기회가 있다는 것이다. 안전한 삶을 위해 위험을 차단하고 도전하지 않는다면 우리에게 오는 기회를 알아채지 못하게 된다. 사실, 필자도 내가 했던 무모한 도전이 기회였음을 세월이 지나 알게 되었다.

요즘 서점가에 가면 스스로 자족하는 삶에 대해 격려하는 책들이 넘쳐난다. 경쟁에 치여 사는 현대인들에게 이 또한 필요하기는 하다. 다른 한편으로 이는 폭력적이기도 하다. 우리 사회가 사람들이 처한 현실을 수긍하고 욕망과 성공을 건강하고 가치 있게 추구하는 방법은 알려주지 않고 그 부정성만을 부각하고 아예 자족하라고 부추기는 것은 부당하다.

무언가 성취한 사람들은 모두 위험과 불안의 강을 건넌 사람들이다. 크고 작은 성과는 모두 우리에게 대가를 지불토록 한다. 그래서 도전하는 사람들에게 위험은 성취의 테스트일 수 있고 넘어야 할 허들일 수 있다. 위험에 맞닥뜨렸을 때, 어떤 자세로 어떤 방법을 동원해 해결하는가에 따라 그 사람의 진가가 단연 드러난다.

어차피 성공은 불확실성이 가져다주는 불안과 두려움이라는 터널을 필수적으로 지나야 한다. 예측하기 어렵고 무엇도 보장되지 않은 그 불안 구간을 지나야 하는데 그래도 희망적인 건 터널은 분명히 끝이 있다는 것이다.

지금 터널 속에 있다면 조금만 더 가기를 바란다. 보이지 않던 빛이 어느 순간 보일 테니까. 곧 빛나는 태양과 마주하게 될 것이다.

어제의 성공이 내일의 성공도 보장하는가

"초심을 잃으면 지난 성공의 경험에 배신당한다."

기실, 한 번 성공한 사람이 또 성공할 확률은 높다. 왜냐하면 성공의 요소 중에는 기본자세 혹은, 근본적으로 충족되어야 할 요건들이 있기 때문이다. 전문성, 일을 대하는 태도, 준비 자세, 상황 판단 능력, 친화력, 사람들과의 관계성 등등. 모든 일에 있어 그런 자세와 요건을 갖춘 사람과 그렇지 못한 사람과는 현격한 차이가 날 수밖에 없다.

그러나 과거 성공의 트로피는 그것으로 족하다. 그리고 같은 일이라도 언제 시작하느냐에 따라 전혀 다른 결과치가 나올 수 있기에 더더욱 그렇다. 과거에 경험했던 것들은 기본자세만 빼고 나머지는 머리에서 싹 지워야 한다. 초심이란 일을 하는 마음과 자세가 처음처럼 충실하고 간절한 마음을 가지고 있느냐는 것이다. 이미 한 번 해 봤다고 내가 아는 길이라고 초심을 잃으면 기필코 지난 성공의 경험을 배신하게 된다.

세상은 반드시 변한다. 그러나 많은 사람들은 자신이 한 경험치로만 세상을 보려 한다. 변화를 인정하지 않거나 체감하지 못하고서 말이다. 자신이 이룬 과거의 성공으로 미래의 성공도 낙관하기 때문에 실패한다.

한 번의 성공이 또 한 번의 성공을 보장하지 못한다.

질문하고 또 질문하라

"인간은 그가 결코 묻지 않은 질문들에 대해서는
대답을 얻을 수가 없다." - 틸리히

내가 하는 질문에 그 답도 들어 있다. 공부든, 삶의 무수한 질문이든……. 질문은 곧 우리가 얻고자 하는 핵심 포인트다.

메리 올리버는 "이 우주에서 우리에겐 두 가지 선물이 주어진다. 사랑하는 능력과 질문하는 능력이다."라고 말했다.

질문하는 능력이 우리에게 주어진 하나의 선물이라면 그 안에 분명 유의미한 가치가 있음은 당연하다.

공부를 향상시키고 싶은가. 그렇다면 질문하라. 내가 하고 싶은 일이 있는가. 그렇다면 그 방향으로 질문하라. 인생의 가치를 정하고 싶은가. 그렇다면 어떻게 해야 가치와 의미를 찾을 수 있는지 질문하라. 그 질문 안에 답이 있다.

질문은 그 사람의 삶의 지향을 알 수 있게 하고 지적, 혹은 생각의 수준을 드러내 주기도 한다. 질문은 알고자 하는 의지의 반영이며 그 답을 구하고자 정신적 물리적 노력을 감행하게 만든다.

안락함의 유혹

"개인에게 있어 혁신은 부정적인 습관을
긍정적인 습관으로 바꾸는 것이다."

휘게. 킨포크. 소확행. 이 같은 단어가 우리 세대에서 각광받았다. '휘게'는 덴마크어로 편안함, 아늑함, 안락함, 소박한 삶이 주는 행복을 말한다. '킨포크'는 친척, 친족과 같은 가까운 사람을 가리키는 말로 자연의 삶, 혹은 소박한 삶을 지향한다는 의미다. '소확행'은 소소하지만 확실한 행복의 줄임말이다.

모두 우리에게 안식과 휴식을 주는 라이프 스타일을 지향하는 단어라는 점에서 같다. 물론, 그 이면에 우리가 살고 있는 사회의 치열한 삶의 피로가 한몫하고 있음도 알 수 있다. 예측 불허인 현실과 미래에 대한 불안이 우리로 하여금 위로와 휴식을 원하게 하는 것도 사실이다.

하지만 저널리스트인 토머스 프리드먼은 "중간만 해도 살 수 있었던 평균의 시대가 끝나고, 끊임없이 혁신해야 살 수 있는 가속의 시대가 시작됐다."고 일갈한 바 있다.

경쟁만의 시대가 아닌 끊임없이 혁신을 해야 살 수 있는 혁신의 시대에 우리가 살고 있다니. 혁신은 이제 먼 나라 얘기가 아닌 것이다. 혁신이란, 관습 혹은, 조직, 기존 방법 등을 고치거나 새롭게 바꾸는 것을 말한다. 그러니 자기 혁신이든 기업이나 단체의 혁신이든 구습의 체제와 관습의 벽마저 부수겠다는 결의와 결행이 필요하다는 얘기다.

개인에게 있어 혁신은 부정적인 습관을 긍정적인 습관으로 바꾸는 것이다. 삶의 반복적인 생각과 행동을 통해 굳어진 나.

그런 나를 바꾸는 것이니 혁신은 곧 우리의 운명을 바꾸는 것과 같다.

새로운 습관을 들이는 데는 최소 21일이 걸린다고 한다. 21일은 그러니까 딱 3주다. 새 습관이 자리를 잡기까지 3주가 걸리는 것은 사람의 생체 리듬이 바뀌는 최소한의 시간이 21일이기 때문이다. 우리의 생각 곧, 새로 결심한 생각이 대뇌피질에서 뇌간까지 내려가는 데 걸리는 시간이다. 해볼 만하지 않은가. 21일. 두 달도 아니고 한 달도 아닌 21일. 그 짧은 시간을 들여 새로운 습관을 만들 수 있고 운명을 바꿀 수도 있으니 말이다.

같은 행동 같은 사람

"위대한 사람이 되고 싶으면 위대한 행동을 따라 하라."

《니코마코스 윤리학》에 이런 내용이 있다.
"정의로운 일들을 행함으로써 우리는 정의로운 사람이 되며, 절제 있는 일들을 행함으로써 절제 있는 사람이 되고, 용감한 일을 행함으로써 용감한 사람이 되는 것이다."

그렇다. 우리는 생각하기에 따라 어떤 사람이 되기도 하지만 어떤 행동을 하는가에 따라 어떤 사람이 되기도 한다. 간혹 사람들에게서 자신이 정말 어떤 사람인지 잘 모르겠다는 말을 듣곤 한다.

그럴 때, 필자는 말한다. 자신의 행동을 잘 관찰하면, 내가 어떤 사람인지 알게 된다고. 내 행동을 잘 살피면, 내가 어떤 소양과 가치를 가지고 살아가는 사람인지 알게 된다. 또 내가 어떤 사람이 되고자 바란다면, 내가 그 행동을 하면 되는 것이다. 마음과 행동이 꼭 일치하지 않더라도 내가 바라는 행동으로 자신을 노출하라. 그렇게 하다 보면 그 행동에 의한 경험으로 의식화가 일어난다.

위대해지고 싶은가. 자신이 위대하다고 생각하는 그런 행동을 하면 된다. 그런 행동들이 쌓이면 위대한 사람이 될 것이다.

선한 사람이 되고 싶은가. 일상에서 선하다고 생각하는 일들을 하나하나 행하면 된다. 그러면, 당신은 분명 선한 사람이 된다. 행복해서 웃는 것이 아니라, 웃어서 행복한 사람이 되는 것처럼.

오늘이 제일 젊다

"젊을 때는 젊음을 모르듯이
나이 들어도 나이 듦의 의미를 모른다."

젊음이 영원하기를 바라는 마음은 불로장생을 꿈꾸는 것과 같다. 나이가 들면 미의 기준이 달라진다. 생김새의 문제가 아니라, 젊음 그 자체가 미의 기준이 된다. 그래서 사람들은 젊음을 어떻게든 부여잡기 위해 온갖 시술과 수술을 마다하지 않는다.

물론, 그에 대해 필자는 부정적이지는 않다. 정도에 한에서. 하지만 젊음을 붙잡아 두고 싶다고 의술에 의존해 신체 나이를 얼마나 되돌릴 수 있을지는 의문이다. 아무리 외적인 것을 동원해도 어쩔 수 없이 그 나이로 보이는 건 대체 어쩌란 말인가.

속절없이 지나가는 세월 앞에 장사 없다. 하지만 우리에겐 또 다른 것을 볼 수 있는 혜안이 있지 않던가. 연륜에서 오는 원숙미와 아름다움 말이다. 무조건 마음을 달리 먹으라는 것은 아니다. 내 나이를 받아들일 수 있는 이해와 공감이 있어야 한다는 얘기다. 내 나이를 받아들이지 못하면, 젊음에 끌려 다니게 된다. 돈으로 젊음을 사는 것도 어느 시점까지다. 조금은 섭섭해도 젊은 날의 나를 보내고 나이 들어가는 나를 받아들이자.

젊을 때는 그 젊음이 좋은 줄 몰랐듯이, 이제 나이 든 지금

이 좋은지 또 모른다면 죽을 때까지 좋은 시절은 아마 없을 것이다. 현재의 가치를 모른다면 우리는 언제가 되어야 우리에게 좋은 시절들이 있었음을 알게 될까. 젊어서는 젊은 그 자체가 좋았고, 나이 들어서는 나이 든 지금이 좋은. 그 자체에서 아름다움과 의미를 찾는다면 모든 존재는 더욱 풍요로워진다.

내일보다 젊은 오늘을 사랑하자. 그리고 지금의 나를 반기자. 이젠 늙었다고 어제의 내가 아니라고 괜히 주눅이 들거나 속상해 하지 말자.

지금부터 오늘의 나를 인정하고, 정도껏 아름답게 가꾸고, 정도껏 오늘의 젊음을 받아들이자.

근본 중의 근본

"천하도 내 마음 장악만큼 크지 않다."

《대학》에 이런 글이 있다. "몸을 닦음이 마음을 바르게 함에 달렸다는 것은 마음에 노여워하는 바가 있으면 바르게 할 수 없고, 두려워하는 바가 있으면 바르게 할 수 없고, 좋아하는 바가 있으면 바르게 할 수 없고, 걱정하는 바가 있으면 바르게 할 수 없다는 이 마음이 있지 않으면 살펴도 보이지 않고, 귀를 기울여도 들리지 않으며 먹더라도 맛을 알지 못하니, 이를 두고 몸을 닦음이 마음을 바르게 함에 달렸다고 한다."

모든 것의 근본은 결국 마음에 달려 있음을 여실히 말해 주는 글귀다.

지금 현재 내 마음의 상태가 어떠한가에 따라 행동에도 제약을 주고 신체에도 영향을 준다고 보면 마음의 상태가 얼마나 중요한가를 알 수 있다. 사실, 일상에서도 우리가 어떤 걱정거리가 있을 때는 하는 일에 집중하기 어렵고 분노에 휩싸여 있을 경우에는 경솔한 행동을 하기 쉽지 않던가.

두려움도 마찬가지다. 내 마음이 무엇을 두려워하면 움츠러들어 해야 할 일마저 의욕을 저하시킨다.

우리가 겪는 불안, 두려움, 분노 같은 마음의 상태를 잘 관리해야 내가 하고자 하는 것에 온전히 집중할 수 있고 올바로 진행할 수가 있다.

또 마음의 부정적인 것만이 우리의 행동과 지향에 영향을 주는 것은 아니라는 사실을 간과해서는 안 될 것이다. 우리가 크게 신경 쓰지 않거나 문제라고 여기지 않는, 우리가 좋아하는 것, 혹은 들뜸도 사람을 편향적으로 만들고 바른 판단을 내릴수 없게 한다는 사실을 직시해야 한다.

사람은 내가 싫어하는 것은 멀리하기 쉬우나 내가 좋아하는 것을 멀리하기란 쉽지 않기 때문에 더욱 그렇다. 내가 좋아하고 호의적인 것 역시 치우침으로 인해 바른 판단을 방해 할 수 있다는 사실을 기억하자.

돌아오지 않는 네 가지

"뒤늦은 후회는 이미 해버린 말과 행동, 잡지 못한 기회,
지나간 젊음이다."

아메리카 인디언들이 말하는 인생에서 '돌아오지 않는 네 가지'는 우리 삶에 공감과 교훈을 주기에 충분하다.

1. 한 번 내뱉은 말이다

누구나 공감할 것이다. 필자를 비롯해 많은 사람들이 내가 한 말 때문에 후회를 해 본 적이 있을 것이다. 생각해 보면, 정말 그 상황에서 내가 왜 그런 말을 했는지 뒤늦게 아무리 후회를 해도 소용이 없다. 그 일로 상대에게 사과를 한다고 해도 관계는 결국, 엎질러진 물이 되기 십상이다.

"삶의 지혜는 듣는 데서 비롯되고, 삶의 후회는 대게 말하는

데서 비롯된다."는 말이 상기되는 바다.

2. 쏘아버린 화살이다

비유적으로 많이 회자되는 말이다. 생각하기 전에 해버린 행동이나 주변 상황을 챙기지 않고 이미 해 버린 말도 이와 같다. 이미 지나가 버린 일을 후회하는 것도 이에 해당한다.

3. 저버린 기회다

기회 역시 그렇다. 기회인 것을 알아볼 수 있는 안목이 있었다면 그것을 붙잡지 않을 이가 누가 있을까. 하지만 기회 역시 내게 왔을 때는 그것이 기회였는지조차 모르다가 시간이 한참 흘러서야 깨닫게 된다. 다시 오지 않을 기회였다는 것을 말이다. 아무리 후회하고 아무리 아쉬워해도 되돌릴 수 없는 기회, 그 기회를 알아보는 눈과 촉을 키워야 한다.

4. 흘러가 버린 세월이다

나이가 들면 들수록 가장 크게 느껴지는 것은 지나가 버린 세월에 대한 회한이다. 이미 지나버린 시간에 대한 많은 후회와 안타까움을 무엇으로 표현할 수 있을까. 그래서 망설이지 말고 많은 것을 도전하고 모험하라고 말하고 싶다. 다른 사람에게 피해만 주지 않는다면, 되도록 많은 경험에 노출하고 새로운 것을 경험하라고 말이다.

뒤늦어 쏜살같이 지나버린 지난 세월을 후회하지 않으려면 지금 이 순간을 충실하게 보내고 나름 도전하는 인생을 살아 보라고 권한다.

삶이 공회전하고 있다면

"쉬어 가라는 우리 몸의 신호를 들어라."

시공간을 뛰어넘는 첨단 사회를 살아가다 보면 우리 마음이나 우리 몸이 보내는 신호를 무시하기 일쑤다. 그래서 간단히 약을 먹고 무리를 한다. 그러나 그것이 축적되면 어딘가 증상이 나타나게 되어 있다. 미봉책으로 약을 먹고 그저 지속만하는 단계가 바로 삶이 공회전하고 있음을 말해준다.

차가 공회전하면 기름도 들어가고 오염 물질도 발생하며 차에도 무리를 준다. 하물며 삶이 공회전하고 있다면 역시 에너지가 소모될 것이고 시간이 낭비될 것이며 내면적으로 우울감이 생기고 비관적인 생각에 잠길 것이다.

그뿐만 아니라, 그것이 원인이 되어 삶의 동력을 상실할 수도 있다. 삶의 동력은 얻기는 힘들어도 잃기는 쉬운 법. 좋은 습관은 들이기 어려워도 깨기는 쉬운 것과 마찬가지다.

삶이 공회전하고 있다고 느낀다면 멈춰야 한다.

삶이 공회전하는 것은 인생이 우리에게 주는 신호다. 여기서 좀 쉬어 가라고, 그리고 주변을 좀 보라고 말이다. 그 신호를 받아들이고 잠시 나에게 시간과 여유를 주면 일정 시간이 지나 다시 달릴 새 힘이 생긴다.

자기실현에 성공한 사람들의 특성

"자기실현은 인간적 가치를 추구해야 성취된다."

많은 사람들이 궁극적으로 자기실현을 하기 위해 고군분투하고 있다. 매슬로우는 자기실현에 성공한 사람들의 15가지 심리적 특징을 이렇게 구분해 놓았다.

① 현실 중심적이다(reality-centered)

② 문제 해결 능력이 강하다(problem-centered)

③ 수단과 목적을 구분한다(discrimination between ends and means)

④ 사생활을 즐긴다(detachment: need for privacy)

⑤ 환경과 문화에 영향을 받지 않는다(autonomy: independent of culture and environment)

⑥ 사회적인 압력에 굴하지 않는다(resistance to enculturation)

⑦ 민주적인 가치를 존중한다(democratic behavior)

⑧ 인간적이다(Gemeinschaftsgefuhl: social interest)

⑨ 인간관계를 깊이 한다(intimate personal relations)

⑩ 공격적이지 않은 유머를 즐긴다(sense of humor)

⑪ 자신과 남을 있는 그대로 받아들인다(acceptance of self and others)

⑫ 자연스러움과 간결함을 좋아한다(spontaneity and simplicity)

⑬ 풍부한 감성을 가졌다(freshness of appreciation)

⑭ 창의적이다(creativeness)

⑮ 초월적인 것을 경험하려 한다(peak experience, mystic experience)

열다섯 가지 중 몇 가지가 자신에게 해당되는가. 정말 자기실현에 성공하고 싶다면 각 항목에 대한 새로운 인식과 적용을 권해 본다.

흔들려야 중심을 잡는다

"흔들리는 유연함에서 나의 중심을 찾다."

사람들은 말한다. 세상 어떤 일에도 흔들리지 말라고. 그러나 필자는 말하고 싶다. 흔들려도 괜찮다고. 흔들려야 더 중심을 잘 잡는다고. 거기에 딱 맞는 시가 있어 그 일부를 적어 본다.

나무는 최선을 다해 중심을 잡고 있었구나
가지 하나 이파리 하나하나까지
흔들리지 않으려 흔들렸었구나
흔들려 덜 흔들렸었구나
흔들림의 중심에 나무는 서 있었구나

함민복 시인의 〈흔들린다〉에 나오는 '시구(詩句)'다. 흔들림이 흔들리지 않기 위해서였다는 역설도 그렇거니와 흔들려서 덜 흔들렸다는 말이 가슴에 와 닿는다.

우리는 세상사 많은 일을 통해 흔들린다. 중심을 잡기가 어렵다고들 말한다. 그런데 어쩌면 우리가 흔들리고 있었던 건, 흔들리지 않기 위해 덜 흔들리기 위해 흔들렸던 것은 아닐까. 흔들림은 인간적이다. 우리는 모두 흔들리기 쉬운 세상에 살고 있지 않은가. 무엇으로도 흔들리지 않기를 바란다면, 시구처럼 흔들려야 한다.

자신에게 좀 더 여유로운 눈을 갖자. 흔들려서 흔들리지 않고, 중심을 지켜내기 위해 흔들리는 그 흔들림을 기꺼이 받아들이자.

흉터

"흉터를 봐야 흉터에서 벗어날 수 있다."

"흉터는 일종의 축복이다. 과거로 돌아가거나 현실에 안주하고 싶은 마음이 들 때마다 가만히 들여다보기만 하면 되니까."

세계적인 베스트 셀러 작가 파울루 코엘류가 말했다.

내가 가진 흉터를 축복으로 보는 사람이 몇이나 될까. 사실, 자신의 상처나 흉터를 축복으로 받아들이는 사람은 아마 초긍정의 사람이거나 흉터를 준 사건을 통해 크게 성장한 사람이거나 둘 중에 하나일 것이다.

똑같이 주어진 사건을 통해서도, 어떤 사람은 트라우마로 남아 오랫동안 그 상처와 그 상처의 주변에 머물러 다른 것을 하지 못한다. 또 다른 누군가는 상처를 받아들이고 그것을 삶의 기폭제로 삼아 성장한다.

이 얼마나 다른 삶의 방향인가. 우리가 어떤 생각을 가지고 어떤 행동을 하던 삶의 세월은 흐르고 그 삶의 결과는 어김없이 주어진다.

우리가 상처나 흉터를 긍정하지 못하는 이유는 무엇일까. 물론 상처를 입게 되면 그 상처에 압도되는 경우가 허다하다. 하지만 상처 안에 머물면 자신도 모르게 상처 자체를 핑계 삼을 소지도 커진다. 즉, 내가 밖으로 나가지 않는 이유, 또 내가 새로운 것에 도전하지 않는 이유를 내 상처에서 찾는 것이다. 인간에게 뭔가 핑계를 댈 수 있다는 것만큼 쉽고 가벼운 선택지는 없다.

하지만 그럴듯한 핑계를 아무리 갖다 대도 결과는 철저하게 내 차지다. 그러니 좀 힘들더라도 상처와 흉터에서 거리를 두고 그것을 들여다볼 줄 알아야 한다. 아프지만 당시의 나로 돌아가 내 상처와 흉터를 쓰다듬고 화해해야만 흉터에서 벗어나는 길이다.

"일상에서 우리에게 일어나는 모든 일들은 정교하게 포장된 하늘의 선물이야. 그중 어떤 선물은 포장이 하도 흉측해서 우리를 두렵거나 분노하게 만들 수도 있지. 그래서 사람들은 이것을 불행이라고 생각하는 경향이 있다네. 하지만 그 흉측한 포장을 피하지 말고 인내심과 용기를 가지고 하나하나 포장지를 벗겨 나갈 수 있다면, 우리는 그 안에 보물처럼 감춰진 놀라운 선물을 얻을 수 있지."

중국의 작가 장더펀의《나를 찾는 수업》에 나오는 일부다.

우리에게 주어진 것들은 곧 선물이고 더욱이 반갑게 맞이할 수 없는 불행이나 사건도 인내심과 용기를 가지고 포장을 벗겨 보면 보물을 얻을 수 있다는 말이다. 고통과 아픔을 겪는 사람들에게 위로랍시고 이런 얘기를 하는 건 그 고통에 소금을 뿌리는 격일 수도 있다.

다만, 그 찰나가 지나고 나면 슬며시 들이밀어 주고 싶다. 그래도 포기하지 말고 그 안에서 뭔가를, 아니 그 안에서 숨은 축복과 의미를 길어 올려 보라고.

기투하라

"기투라는 말은 자신의 존재 가능성을 향해
그 자신을 던진다는 의미다."

"사람들은 산봉우리, 바다의 무시무시한 파도 아득히 흘러가는 강물, 대양의 물거품, 그리고 천체의 궤도 등을 경이로운 시선으로 바라보기 위하여 가면서도 정작 자기 자신에 대해서는 주의를 기울이지 않는다.”는 아우그스티누스의 《고백록》 중에 나오는 문장이다.

우리는 정말 우리의 존재 가능성을 향해 나 자신을 던지고 있는가. 이 말에 “예스”라고 머리를 끄덕일 사람도 있고, 쉽게 대답하지 못하는 사람도 있을 것이다. 모든 사람이 자신의 존재감을 드러내고 또한 잠재된 것들을 발현하기 위해 기투할 것 같지만 실제 그것을 얻기 위해 기투하는 사람은 별로 많지 않은 것 같다.

그저 원할 뿐. 그저 바랄 뿐. 하지만 기투하지 않고는 얻을 수 없고 도달할 수 없다. 어쩌면 나의 운명은 나 스스로 나 자신에게 기투하기를 바라는지도 모른다. 잠재력이든 재능이든 소망이든. 내 마음속 깊은 곳에서 아직 발현되지 않은 그 무엇들이 내가 발견해 주고 기투해 주기를 기다리고 있다면 어떻게 할 것인가. 왜 성공한 사람이 여러 번 성공하는 줄 아는가. 그것은 하나의 기투를 통해 더 큰 기투를 거듭하기 때문이다. 당신은 지금 기투할 마음이 있는가.

은인

"선의를 가진 은인이 위대한 인물을 만든다."

《이방인》으로 잘 알려진 알베르 까뮈는 가난한 노동자의 아들이었다. 아버지는 그가 돌이 되기 전에 돌아가셨고, 남의 집 하녀와 청소부로 일하던 어머니가 어렵사리 가정을 이끌며 아이들을 양육했다. 까뮈의 어머니는 글을 읽을 줄도 몰랐고 말까지 더듬었다.

그러나 어머니는 그 어려움 속에서도 까뮈에게 아무리 힘들어도 제 길을 가라고 독려했다. 까뮈에게는 지지자 두 명이 있었는데 가장 큰 지지자는 어머니였고 또 한 사람은 루이 제르맹이라는 선생님이었다. 제르맹 선생님은 까뮈가 가난 때문에 중학교 진학을 할 수 없게 되자, 그를 추천해 장학생으로 선발될 수 있도록 도와주었던 분이다.

세월이 흘러 파리 사범학교를 졸업한 까뮈는 가난과 폐결핵으로 고통을 받으면서도 문학에 대한 열정을 불태워 결국 노벨문학상의 영예를 안게 된다. 노벨문학상에 선정되었다는 소식을 들은 까뮈는 제일 먼저 어머니에게 전보를 친 다음 루이 제르맹 선생님에게 이런 내용의 전보를 쳤다고 한다.

"선생님이 그 당시 가난한 어린 학생이었던 저에게 손을 내밀어 주시지 않으셨다면, 선생님의 가르침과 모범이 없었더라면, 오늘의 영광은 없었을 것입니다."

한 아이의 미래를 위해 기꺼이 손을 내밀어 준 선생님이 계셨기에 세계적인 철학가, 문학가가 탄생할 수 있었다.

나에게 은인이 있는가. 나는 다른 이에게 은인이 되어 준 적이 있는가. 이런 선의가 재능을 꽃피우고 위대한 사람이 될 수 있는 기회를 주었다. 우리도 은인이 되어 보자.

낚시터에서 당신은 죽은 물고기를 낚고 싶은가, 아니면 살아서 펄떡이는 물고기를 낚고 싶은가. 물으나 마나일 것이다.

우리도 펄떡이는 물고기처럼 생동감과 역동성 있게 살고 싶지 않은가. 그렇게 살려면 운도 살아 펄떡이며 내 존재 안에서 작용해야 한다.

좋은 운은 나와 타인 그리고 세상에 유익한 변화를 준다. 결국, 내가 어떤 의도와 생각을 가지고 세상을 살아가는가에 따라 운은 그 의도의 결실을 맺게 한다. 결과가 이를 수도, 늦을 수도 있고 의도와는 다른 결과치가 과정상 나올 수도 있지만, 그 의도는 남아서 끝까지 간다.

필자는 좋은 의도가 결국은 좋은 운을 만든다고 생각한다.

기실 내가 선택하고 생활하는 일상이 운을 만드는 재료다. 지금까지 사람이 가져야 할 생각이나 정신, 그리고 생활 전반의 것들을 이야기했다. 필자의 글이 독자의 깨달음과 성찰에 큰 감흥과 자극이 되어 좋은 운을 만드는 데 보탬이 되기를 바란다. 그래서 풍요로운 삶, 원하는 소망, 그리고 삶의 의미를 얻었으면 하는 바람이다.

그리고 잊지 말자. "내가 신의 처분에 맡겨져 있으며, 동시에 모든 것은 내게 달렸다."는 마틴 부버의 말씀을.